D1927215

Heinz Dietrich

Psychiatrie in Stichworten

2., an den Gegenstandskatalog adaptierte Auflage

Ferdinand Enke Verlag Stuttgart 1975

175/E

Professor Dr. Heinz Dietrich
Nervenklinik der Universität
8 München 2
Nußbaumstraße 7

CIP-Kurztitelaufnahme der Deutschen Bibliothek

Dietrich , Heinz
Psychiatrie in Stichworten.
ISBN 3—432—80992—1

Alle Rechte, insbesondere das Recht der Vervielfältigung und Verbreitung sowie der Übersetzung, vorbehalten. Kein Teil des Werkes darf in irgendeiner Form (durch Photokopie, Mikrofilm oder ein anderes Verfahren) ohne schriftliche Genehmigung des Verlages reproduziert oder unter Verwendung elektronischer Systeme verarbeitet, vervielfältigt oder verbreitet werden.

© 1969, 2. Auflage 1975 Ferdinand Enke Verlag, 7000 Stuttgart 1, POB 1304
Printed in Germany

Druck: Druckhaus Dörr, Inhaber Adam Götz, Ludwigsburg

Vorwort zur zweiten Auflage

Die Revision und Erweiterung der 1. Auflage der „Psychiatrie in Stichworten“ wurde notwendig, um das „Nervenheilkundliche Stoffgebiet“, das im Gegenstandskatalog (GK 3) für den zweiten Abschnitt der Ärztlichen Prüfung vom Institut für medizinische und pharmazeutische Prüfungsfragen 1974 veröffentlicht wurde, mit meinem Buch zu harmonisieren.

Die Freiheit der Lehre soll durch den Prüfungskatalog nicht angetastet werden und die Synthese klassischer psychiatrischer Phänomenologie und psychoanalytischer Interpretation bleibt auch in der vorliegenden 2. Auflage das Grundgerüst für das Verstehen psychiatrischer Krankheiten. Erweiterungen wurden in den biologisch-psychiatrischen und therapeutischen Anteilen vorgenommen.

Die einheitlichen Prüfungen der Studenten erfordern eine Annäherung auf eine gemeinsame Lehrmeinung, der in der vorliegenden Überarbeitung Rechnung getragen wurde.

München, Januar 1975 *H. Dietrich*

Vorwort zur ersten Auflage

Die „Psychiatrie in Stichworten“ soll in erster Linie eine letzte Hilfe fürs Examen sein; sie macht das Studium eines Lehrbuchs, auch des Kurzlehrbuchs, nicht entbehrlich. Das vorliegende Taschenbuch vermittelt ein *Konzentrat* nach didaktischen Gesichtspunkten ausgewählter psychiatrischer Lehrmeinungen und empirischer Forschungsergebnisse. Besonderer Wert wurde auf die Faktoren gelegt, welche das Verständnis krankhafter psychischer Phänomene erleichtern und die Scheu des Mediziners vor der Psychiatrie vermindern.

Die Form des Büchleins ist unkonventionell. Der Inhalt erhebt keinen Anspruch auf Originalität und beschränkt sich nicht auf eine bestimmte Lehrmeinung. Es vertritt einen didaktischen Eklektizismus und eine Synthese deutscher und angloamerikanischer Psychiatrie, eine Synthese klassischer Psychiatrie, eine Synthese klassischer Phänomenologie und moderner psychodynamischer Interpretation.

Wenn der Student die *wesentlichen* Tatsachen einer Wissenschaft kennt und wenn er darüber hinaus ihren Geist erfaßt hat, braucht er in der Prüfung keine Angst zu haben, zu wenig zu wissen oder leeres Stroh zu dreschen.

München, Winter 1968/69 *H. Dietrich*

Inhalt

Neurosen

Definition

Neurotisch sind, *psychodynamisch* gesehen, Symptome, Affekte, Affektäquivalente, Wesensmerkmale, Impulse, Handlungen etc., die direkt oder indirekt mit dem intrapsychischen unbewussten *Trieb-Abwehrkonflikt* zusammenhängen.

Neurosen sind *deskriptiv* (und nosologisch) *abnorme Reaktionen,* bei denen ein verständlicher und zeitlicher Zusammenhang zwischen auslösendem Erlebnis und Reaktion gewahrt ist; oder *abnorme Entwicklungen* infolge seelischer Fehlverarbeitung von Kindheits- und/oder Aktualkonflikten. *J. H. Schultz* unterscheidet nach dem Schweregrad Fremd-, Rand-, Schicht- und Kernneurosen. Häufigkeit bei 10% der Bevölkerung westlicher Industrienationen.

Allgemeine Neurosenlehre

Unspezifische Symptomatik

1. Sexualität: Potenzstörungen, Frigidität. Kontaktstörungen, Frauen-, Männerhaß. Neurotische Partnerwahl (Wahl

des Typs, den der Elternteil, mit dem sich Patient identifiziert, gewählt hat; also Sohn wählt infolge Mutteridentifikation als Partnerin den Typ des Vater, Tochter den Typ der Mutter).

2. Aggressivität: Brutalität (Sadismus), Zynismus, Trotz oder Hemmungen, Masochismus. Mehr nehmen als geben. Abhängigkeit, Arbeitsstörungen, Autoritätskonflikte.

3. Selbstwertgefühl: Minderwertigkeitskomplexe, Ambivalenz. Überkompensation in Form von Propulsivität, Ehrgeiz, sex appeal.

4. Emotionalität: Übertriebene Schuldgefühle. Unzureichende Ablösung von den Eltern, Labilität, depressive Verstimmungen.

5. Somatische Symptome: Hypochondrie, Neurasthenie, vegetative Dystonie.

Psychologische Faktoren

Prägende *Einflüsse* der Orientierungsfamilie, besonders der Mutter, auch in psycho-sozialer Hinsicht (Kinderstube).

Angst, Hemmungen, Abhängigkeit, Minderwertigkeitsgefühle sind *Wiederholungen* von Kindheitserfahrungen (Wiederholungszwang). Oft indirekte und subtile, aber destruktive Einflüsse der Eltern im Sinne von *Ablehnung* (rejection) oder *Verwöhnung* (overprotection). *Identifikation* mit neurotischem Elternteil. Eltern *verstärken* die eigenen neurotischen Verhaltensweisen bei ihren Kindern (reinforcement).

Struktur-Prägung durch Belohnung oder Bestrafung: Essen/Nichtessen (orale Prägung), Ordnung/Unordnung (anale), Sexualneugierde/Sexualtabu (phallische Phase).

Broken home: 13% der Neurotiker verlieren den Vater vor dem 10. Lebensjahr. Verlust der Mutter, Heimkind, führt eher zu Hysterie und *Soziopathie.*

Hereditäre Faktoren

Heredität bildet nur *geringen* Anteil an der Polyätiologie der Neurosen!

1. *Familienuntersuchungen,* z. B. Erkrankungsrate von Eltern und Geschwistern bei Probanden mit verschiedenen Neurosen *(Brown).*

Proband	Prozentzahlen der neurotischen Familienangehörigen					
	Angstneurose		Hysterie		Zwang	
	Eltern	Geschw.	Eltern	Geschw.	Eltern	Geschw.
Angstneurose	21,4	12,3	1,6	2,2	0	0,9
Hysterie	9,5	4,6	19,0	6,2	0	0
Zwang	0	5,4	0	0	7,5	7,1

2. *Zwillingsuntersuchungen:* Hereditätskoeffizient H =

$$\frac{\text{Konkord. eineiiger Zwillinge} - \text{Konkord. zweieiiger Zwillinge}}{100 - \text{Konkordanz zweieiiger Zwillinge}}$$

Untersuchungen von *Eysenck* und *Prell* (1951) an je 25 eineiigen und zweieiigen Zwillingen (Schulkindern) mit projektiven Tests:

$$H = \frac{0{,}85 - 0{,}22}{1 - 0{,}22} = 0{,}81$$

Somatische Faktoren

Asthenische Konstitution häufig bei neurotischer Depression, Angstneurose und Zwang. *Athletische* Konstitution bei Hysterie.

Vegetative Dystonie, EEG-Anomalien (Dysrhythmie).

Nicht-analytische Psychotherapien

1. Gesprächspsychotherapie nach *Rogers:* Nicht-direktiver Arzt-Patient-Kontakt, Erlebnisse erzählen lassen und Selbstdarstellung fördern. Bei Anpassungsstörungen und Aktualkonflikten.

2. Psychologische Beratung: Aktiv-direktives Verfahren, das sich an die Einsicht des Patienten wendet. Bei Erziehungs-, Ehe- und Berufsberatung.

3. Autogenes Training: Konzentrative Selbstentspannung in mehreren Schritten (vgl. Meditation, progressive Relaxation nach *Jacobson* und zur Geburtserleichterung nach *Dick-Read).* Bei Schmerzen, Angst-Syndromen, Neurasthenie.

4. Klassische heterosuggestive Hypnose.

5. Verhaltenstherapie nach *Leonhard* und Lerntheorie: Bei Phobie, Hypochondrie, Anorexie, Zwangsneurose u. a. Ablenken und Belasten. Systematische *Desensibilisierung* durch tiefe Entspannung mit Angstreizpräsentation unter Hilfe von Vorstellungen, Bildern oder Realobjekten. Bestätigung des Erfolgs durch Therapeut wirkt bestärkend (token-System).

Psychoanalytische Theorie *(Freud)*

1. Bewusstsein: Gliedert sich in bewußt – vorbewußt – unbewußt (verdrängt). Zum Unbewußten gehören Träume, Versprechen, Vergessen, *Symptome* und entscheidende Phasen der lebensgeschichtlichen Entwicklung.

2. Schichten der Persönlichkeit: Es – Ich – Über – Ich.

Es: Impulse, Leidenschaften, Liebes- und Todestrieb, Lustprinzip, Träume, Symptome, infantile Triebimpulse, die in die neurotischen Konflikte eingehen.

„Es“ funktioniert ohne Ethik, Logik, Raum, Zeit (*subkortikale* Funktionen).

Ich: Vorbewußt, bewußt, Wertempfinden, Denken, Willkürmotorik, Wahrnehmungen, Erfahrungen, Realitätsprinzip, *Angst* (neurotische Angst, Realangst, Gewissensangst), Körperschema. *„Reiter des Es" (Freud). Kortikale* Funktionen.

Über-Ich: Gewissen, Schuldgefühle. *Ich-Ideal* entsteht aus früheren Liebes- und Identifikationsobjekten (Vater, Mutter). Super-Ego entwickelt sich nach Lösung der ödipalen Konstellation; je schneller die Lösung, um so stärker das Gewissen. „Charakter" setzt sich aus Identifizierungen und Abwehrmechanismen zusammen.

Neurotische Symptome sind Abkömmlinge des Konflikts zwischen Es – Ich – Über-Ich – Realität.

3. Prägenitale Libidophasen und entsprechende biologisch-psychosoziale Entwicklungsstufen:

Orale Phase: Von Geburt bis 1 Jahr. Lippen, Mund, Magen. Später rauchen, trinken, Vorspiel. Entwicklungsschritte: Wahrnehmung, Unterscheiden Ich-Nichtich, Urvertrauen. Bestimmend für *depressive* Struktur.

Anale Phase: 1 – 3 Jahre. Rektum, Blase, Sauberkeitsgewöhnung. Ambivalenz zu den Eltern. Anal-Sadismus = erste Aggressionsphase (Trotz). Entwicklungsschritte: Motorik, Sphinkterkontrolle, Autonomie-Heteronomie, Trennungstoleranz, -angst, Abhängigkeit. Bestimmend für *zwangsneurotische (anankastische)* Struktur.

Phallische (ödipale) *Phase:* 3 – 7 Jahre. Ödipale Triade. Kastrationsangst, Penisneid. Entwicklungsschritte: Erste sexuelle Regungen, Partner (Eltern) – Beziehungen unter Aspekt ihres Geschlechts. Identifikation. Bestimmend für *hysterische* Struktur.

Latenz-Phase: 7 – 12 Jahre. Lösung der Ödipus-Konstellation. Bildung von Super-Ego und Ideal-Ich.

Pubertät: 12 – 14 Jahre. *Adoleszenz:* 14 – 21 Jahre. *Erwachsenenalter:* Genitales Primat. Ich-Kräfte regulieren Triebimpulse, Gewissensge- und -verbote und Ich-Ideale mit den Forderungen der *Realität* (Anpassung).

4. Abwehrmechanismen: Spezifische Charaktereigenschaften und Abwehrformen gegen infantile Triebimpulse und Unlustgefühle wie Angst, Schuldgefühle. Abwehr*mechanismen* treten *unbewusst* und automatisch bei Angstsignal auf. Normale, neurotische, psychotische Abwehrmechanismen.

a) *Verdrängung:* Ur-Mechanismus (Vergessen, Versprechen, Traum). Gesamte prägenitale Sexualität ist ab Latenzperiode verdrängt. Angst bewirkt Verdrängung, die durch Psychoanalyse beseitigt wird (Psychokatharsis).

b) *Verschiebung:* Ersetzt ein bedrohliches Vorstellungsobjekt durch ein harmloseres. Hauptmechanismus bei *Phobie.*

c) *Sublimierung:* Realitäts- und kulturgerechte Umwandlung der Partialtriebe („Sadist → Chirurg, Voyeur → Forscher, Analerotiker → Bankier“). Sozial erwünschter Mechanismus.

d) *(Über-) Kompensation (Adler):* Minderwertigkeitskomplexe führen zu Überkompensation (Sport, Karriere). Monomanisch-süchtiges statt vernünftiges und angepaßtes Verhalten.

e) *Reaktions-Bildung:* Verdrängung und Verkehrung in das Gegenteil („junge Hure → alte Betschwester“, Legionär → Missionar). Fanatismus. Oft Durchbruch der primären Impulse.

f) *Introjektion und Identifikation:* Abhängigkeit, Konformismus. „If you can't beat them, join them.“ Hauptmechanismus bei *depressiver Struktur.*

g) *Projektion:* Eigene, unerwünschte sexuelle und aggressive Impulse werden auf andere Menschen projiziert (Vorurteil, Wahn). Hauptmechanismus beim Paranoid.

h) *Fixation und Regression:* Infantilismus, Narzißmus. Hauptmechanismen bei Neurosen und *Schizophrenie.*

i) *Verleugnung:* Vogel-Strauß-Politik bei Krankheiten, Schwachsinn, Konflikten.

k) *Rationalisierung:* „Gute“ Gründe anstelle realer. Rechtfertigungen: „Die (zu hohen) Trauben sind sauer“; „Jedes Übel hat auch seine guten Seiten“ (Sophistik, Skeptizismus).

5. Auflösungsfaktoren: Versuchungs- und Versagungssitua-

tionen, die den intrapsychischen Konflikt mobilisieren. *Versagen* der Abwehrmechanismen und *Dekompensation.*

Beispiele:

a) Krankheit, Alter, Verlust, Autoritätskonflikt, Frustration am Arbeitsplatz.

b) Überbelastungen (Versuchungen) wie Examen, Verlieben, Verloben, Heiraten, Schwangerschaft.

6. Dynamik des neurotischen Konflikts: *Versagung* verursacht Libidostauung. Normaler Vorgang. Wahl eines Ersatzobjekts oder Sublimation. Neurotischer Vorgang: Regression zu den infantilen Partialtrieben → Konflikt mit Realität und Über-Ich → neurotisches Symptom = Kompromissbildung von Triebimpulsen und Abwehr. Scheinlösung.

Versuchung (etwa Mädchen soll heiraten): Fixiert auf prägenitale Stufen (Ödipuskomplex) → Konflikt → Symptom = Scheinlösung des Konflikts mit *primärem* (neurotischem) Krankheitsgewinn, gefolgt von (sozialem) *Sekundärgewinn* (Entlastung; z. B. braucht nicht mehr zu heiraten, solange es krank ist).

7. Psychoanalytische Einzel- und Gruppentherapie: Konfliktverarbeitung über Introspektion erreichen. Unbewußtes bewußt machen. Stärkung des Ich und der nicht-neurotischen Abwehrmittel. Lösung der Infantil-Neurose.

Methode: Beim *ersten* Interview Motive, Leidensdruck,

Introspektionsfähigkeit, Intelligenz des Patienten beurteilen. 3–4 Stunden pro Woche. Couch. Studium der Träume, freie Assoziationen und des averbalen Geschehens als Abkömmlinge des Unbewußten. Behandlungsdauer ca. 300 Stunden.

Widerstand gegen Analyse und Abwehrformen gegen Es und Über-Ich zuerst analysieren.

Übertragung: Herstellung der Übertragungsneurose als Wiederholung der Infantilneurose. Übertragungsgefühle sind heftig, unvernünftig, ambivalent. Interpretation der positiven und negativen Übertragungsphänomene.

Interpretation: „Außen" anfangen. Patient bestimmt das Thema. Zuerst Widerstand, dann Triebimpulse, dann die infantilen Ursachen interpretieren. Korrekte Dosierung. Abstinenz fordern. Gegenübertragung beachten!

Ziel: Lösung der Übertragungsneurose, des neurotischen Aktualkonflikts und der Infantilneurose.

Spezielle Neurosenlehre

Depressive Neurose

Abnorme Reaktion nach Liebesverlust oder Frustration. Intensität und Dauer der Reaktion stärker als bei normaler

Trauer. Depressive, „orale" Persönlichkeit: Von Haus aus ernst, gewissenhaft, introvertiert mit starker Abhängigkeit und Trennungsängsten (auch vom Therapeuten). Nachweisbarer *Anlass* der Depression mobilisiert und dekompensiert einen vorbestehenden neurotischen Konflikt aus praeödipalen unbewußten Derivaten.

Symptome: Gedrücktheit, Apathie, Grübeln, Selbstmordgedanken, Schlafstörungen, Appetitlosigkeit (Anorexie) oder Polyphagie (Kummerspeck). *Keine* psychotischen „endogenen" Symptome wie Wahn, Stupor, Denkhemmung; keine hereditäre Belastung und frühere depressive oder *manische* Phasen.

Angst, Phobie, Zwangsneurose (Paranoia rudimentaria)

1. Angst-Neurose: Krankhafte Steigerung normaler Ängstlichkeit vor Alleinsein, Verlassenheit, Hilflosigkeit; *mehr* Angst vor Bestrafung von Aggressions- und Sexualimpulsen.

Symptome: Angst-Attacken, Panik, Hyperventilationstetanie.

Dynamik: Vorwiegend *Trennungsängste* bei abhängigen Menschen (von Mutter, Ehepartner, Arzt, „Schutzfiguren"). Seltener Kastrationsängste. Übergänge zur *Cardiophobie* und zu ängstlich-depressiven Neurosen. Kindliche Angsthysterie als Vorläufer vieler Erwachsenen-Neurosen.

Eltern sind perfektionistisch und ehrgeizig, strafen viel. Kind wird *unsicher* und zu ängstlich, sich frei zu entwickeln. Kurze Rebellionen, im übrigen *Unterwerfung* unter Autorität.

Angst in allen Beziehungen und Lebenslagen. *Frau:* Sicherheitsprinzip, masochistische Liebe als magische Lösung aller Schwierigkeiten. *Mann:* „Netter Mann"; nachgiebig, selbstlos, großzügig. Verdrängt seine aggressiven und Unabhängigkeitsstrebungen und projiziert sie auf andere.

2. Phobie: Begrenzte, unbegründete, übertriebene Angsterscheinung. *Prägungserlebnisse* bestimmen die Art der Phobie. *Krankheitseinsicht* im Gegensatz zum Wahn.

Objektphobien: „Siderodromophobie" (Eisenbahn), Hydrophobie (Wasser), Akrophobie (Höhe), Taurophobie (Stier), Tafephobie (lebendig begraben zu werden), Mysophobie (Staub), Phobophobie, Nyktophobie (Nacht), Nekrophobie (Leiche), Astraphobie (Gewitter). Kynophobie (Hund). Gephyrophobie (Brücke).

Topophobien: Agoraphobie, Claustrophobie.

Nosophobien: Kardiophobie, Carcinophobie, Luophobie, Bazillophobie, Thanatophobie, Erythrophobie, psychogene Impotenz.

Kinderphobien: Schulangst, Angst vor Einbrechern, Gewitter.

Altruistische Phobien: Aichmophobie (Messer), Dysmorphophobie (Häßlichkeit, Verunstaltung), Kleptophobie (Stehlen), Pyrophobie (Feuerlegen). Angst um Familienangehörige.

Grundangst des Mannes: *Kein* Mann zu sein („Kastrationsangst"); der Frau: *Eine* Frau zu sein („Penisneid". Verlassenheitsangst).

Dynamik: Grundangst kristallisiert sich zur *Furcht* vor etwas Bestimmtem. Verdrängung der Gefahr → *Verschiebung* auf ein harmloseres Objekt → Verdichtung → Projektion nach außen. *Projektion* weniger stark als beim Wahn. Realitätsbewusstsein und Krankheitseinsicht bleiben erhalten. Gestaltähnlichkeit, Symbolik und zeitliche Koinzidenz des Furchtobjekts beachten!

3. Zwangsneurose: Vorstellungen, Impulse, Handlungen, die sich aufdrängen, als sinnlos erkannt, ich-fremd empfunden werden, aber *Angst* vorübergehend lindern oder beseitigen.

Zwangsvorstellungen (Obsessionen): Arithmomanie (Zählzwang), Kontrastdenken, Zweifelsucht, Grübelsucht, Fragesucht, Zwangsskrupel, Sakrileg, Aberglauben, musikalische Zwangsvorstellungen, Kontrollzwang.

Zwangshalluzinationen: Déjà vu, Heautoskopie (Goethe auf dem Weg nach Sesenheim).

Zwangsaffekte: Zwangsliebe, anankastische Eifersucht, Sehnsucht, Haß.

Zwangshandlungen (Kompulsionen): Wiederholungszwang, Waschzwang, Onomatomanie, Koprolalie, Tics, Stottern, Schreibkrampf.

Zwangsimpulse (Monomanien): Oniomanie (Kaufsucht), Poriomanie, Dipsomanie, Sitiomanie, Graphomanie, Spielsucht, Arbeitssucht, Bettsucht (Oblomowismus), Ordnungssucht (Putzteufel).

Kriminelle Zwangsimpulse: Homicidale und suicidale Zwangsimpulse, *Kleptomanie,* Pyromanie.

Sexuelle Zwangsimpulse: Onanie, Satyriasis, Nymphomanie, Sadismus.

Dynamik: Fixation oder Regression auf *anale* Phase nach Scheitern in der ödipalen Phase. Zwangssymptome sind wie alle psychoneurotischen Symptome Kompromißbildungen zwischen (sexuellen und aggressiven) Impulsen und ihrer Abwehr (z. B. Waschzwang). Anankastische Abwehrmechanismen: (Affekt-) Isolierung, Ungeschehenmachen, Reaktionsbildung, Intellektualisierung.

Beispiel: Der aus der Kindheit stammende „Kampf um den Nachttopf" wird zum Kampf zwischen Trotz und Schuldgefühl; Schuldgefühle sind immer stärker als Trotz.

Ambivalenz: Liebe ich? – Hasse ich? *Ambitendenz:* Onanie – Hände waschen, Licht anzünden – auslöschen; Grübel-Zweifelsucht. Trotz/Schuldgefühl bis zur Erschöpfung; Ausbreitung der Zwänge.

Anankastische Persönlichkeit: Pedantisch, sparsam, eigensinnig (anale Struktur). Rigid, kühl, intelligent. Wenig spontane Entscheidungen. Gewissenhaftigkeit des Anankasten vorwiegend auf *infantilen* Gebieten: Sauberkeit, Ordnung, Pünktlichkeit, Wiederholung. Verbreitet in bestimmten Berufen: Schulmann, Bankbeamter, Polizist.

Therapie: Tranquilizer (cave Missbrauch!), Verhaltenstherapie,

Psychoanalyse, Psychochirurgie. Zwangsneurose oft therapieresistent.

Bei leichteren Fällen Umgewöhnung durch Training (Verhaltenstherapie). *Schreibkrampf:* Häufiges Schreiben. *Stottern:* Viel sprechen und laut lesen, Mitbewegungen unterdrücken. *Blinzeltic:* Lesen. *Impotenz:* Koitusverbot bei Erlaubnis aller anderen intimen Betätigungen. *Anorexie:* Eßzwang. Bei *Phobien* „mit Ablenkung und Belastung" Zwangsbefürchtung auslöschen (extinction). Klinische Behandlung bis zur Wiederherstellung der Arbeitsfähigkeit, danach analytische Therapie der Grundangst.

Hypochondrie

Keine eingebildete Krankheit! *Psychisch-reale,* aber organisch nicht begründbare diffuse und oft absurde Schmerzen und Mißempfindungen. Hypochondrie wird verstärkt durch *anankastische* (Phobie) und *paranoische* (Wahn) Wesenszüge. Hypochondrische Entwicklung. Zunahme im Alter.

Auslösungsfaktoren: Vegetative Ausnahmezustände wie Tachykardie, Angina pectoris. Körperliche und seelische Krankheiten (endogene Depression, Bandscheibendegeneration). Iatrogene Schädigung (Verdachtsdiagnosen). *Krebs* und *Herzinfarkt* oft verheimlichte Grundbefürchtungen der Hypochonder.

Psychodynamik: Libidinöses *Körperschema* (Narzißmus). Narzißmus Energiereservoir der autoerotischen Lustbefriedigung. Hypochondrie Verkehrung narzißtischer Libido ins Gegenteil. Isolierung des Organs vom Körperschema. Besserung der Neurose bei Krankheit oder Verletzung des Organs. Manche Teile des Körperschemas sind näher der Sensorik (Sensohypochondrie), manche näher den „Ideen" (Ideohypochondrie = Phobie). Körper via Schmerz im Zentrum der Aufmerksamkeit und des Interesses. Dadurch Verschiebung etwa interpersonaler Schwierigkeiten (Ehe) nach innen mit Rettung des narzißtischen Selbstwertgefühls. Starker Sekundärgewinn.

Therapie: *Ablenkung* von den Befürchtungen und dem Interesse am eigenen Körper. Nicht mehr über Krankheit sprechen! *Belastung* mit Sport, Gymnastik, Arbeitstherapie, körperlicher Tätigkeit (Stundenplan). Nach Ausschaltung des Symptoms analytische Therapie.

Neurasthenie

Eigenständige Krankheit oder Begleitsyndrom bei Körper-Krankheiten und Psychoneurosen. Oft Studenten- und Wehrdienstneurose, Aktualneurose *(Freud)*. Aber auch *„konstitutionelle"* Neurasthenie als Dauerzustand.

Symptome: Leistungsminderung, Reizbarkeit, Dysphorie, Ermüdbarkeit, Konzentrationsschwäche, Potenzstörungen. *Körperliche Symptome:* Asthenie cardiaque, gastrique, genitale. Asthenopie. Vegetative Dystonie. Vorwiegend in Pubertät und Adoleszenz, jenseits des 30. Lebensjahres seltener.

Dynamik: Unbewältigter Kampf des Ich und Ich-Ideals gegen aggressive und sexuelle Impulse. Körper wird zur Quelle von Beschwerden. Intellektuelle Sublimierungsversuche versagen (Psychasthenie). Verarmung an sexueller Spannung, Aggressionshemmung.

Auslösungsfaktoren: Falsche Arbeitstechnik, Autoritätskonflikt, Sexualstörungen, Krankheiten, Toxine (Nikotin, Kaffee, Schmerz- und Schlafmittel). *Traumen* (traumatische Neurose).

Therapie: Erholung, aber cave Unterbelastung (Langeweile)! Physikalische Therapie, autogenes Training, Tranquilizer (Valium, Librium, Tavor).

Hysterie

Hysterische Struktur (hysterischer Charakter) mit und ohne *Konversionssymptome* (psychogene Reaktionen).

Bei Frauen häufiger als bei Männern, in Unterschicht häufiger als in Oberschicht. IQ niedriger als bei anderen Neurosen. Abnahme der hysterischen Konversionssymptome, Zunahme der hysterischen Struktur in Westeuropa; Konversionssymptome bei Gastarbeitern und in östlichen Ländern noch häufig.

Geschichte

Hippokrates: Austrocknung des Uterus. Mittelalter: Besessenheit, Stigmata diavoli. *Charcot:* „Neur"-ose. *Moe-*

bius: Entartungsirresein. Hysterisch sind alle Veränderungen durch Vorstellungen (Suggestibilität). *Janet:* Dissoziation (Bewußtseinsspaltung). *Kretschmer:* Bewegungssturm und Totstellreflex. *Bonhoeffer:* Flucht in die Krankheit. *Freud:* Konversion sexueller, vom Ich abgewehrter Strebungen. Primärer und sekundärer Krankheitsgewinn. Leidensdruck gering (belle indifférence). Konversion anstelle von Angst.

Hysterischer Charakter: In erster Linie *Rollenspiel und Geltungsbedürfnis,* auch vor sich selbst. Mehr scheinen als sein. Insuffizienzgefühle werden überkompensiert (z. B. Pseudointelligenz, Pseudosexualität). Bei Frauen starkes erotisches Liebesbedürfnis, Angst vor Zurückweisung: *Infantil,* launenhaft, trotzig, suggestibel („verwöhnter Fratz").

Egoismus mit Nahziel: Beachtet, geliebt, getadelt, geleitet werden. Mehr nehmen als geben. *Pseudoliebenswürdigkeit* ohne Tiefgang: „Archaisches Lächeln", Berufs-Lächeln, happy go lucky.

Stimmungslabil, aber meist gut gelaunt (hypomanisch). Affekt- und Ausdrucksüberspannung (Theatralik).

Neigung zu Klatsch → Intrige → Skandal. *Gesteigerte* Suggestibilität, Autosuggestibilität, Phantasie und *Pseudologie.*

Neigung zu *Leidenschaften* (Monomanien), Süchten und impulsiven, *pathologischen Einfällen* wie Selbstmordversuch, Weglaufen, Liebe auf den ersten Blick.

Hysterische Charaktertypen:

Männer: Bohèmien, Playboy, Versager, Hochstapler. Frauen:

Autistische und sadistische Ehefrau, Doppelleben als Hausfrau und Romanheldin, Glamourtyp, Prostituierte, Sexygirl.

Konversionssymptome (psychogene Reaktionen):

Lähmungen, Tremor, Reizzustände (Ovarie, Clavus, Globus). Anästhesien (strumpfförmig, halbe Seite). Psychogene Gangstörung. Erbrechen. Blindheit, Taubheit, Aphonie.

Psychogene Anfälle: Arc de cercle, Wein-Lach-Krämpfe, Attitudes passionelles, Ohnmacht, Lethargie (Schlafanfälle), Dämmerzustand. Katalepsie. Amnesie, Somnambulismus, multiple Persönlichkeit, Stupor, Simulation, Ganser, Pseudodemenz.

Kriegs-, Unfall-, Entschädigungs-, *Rentenneurosen* auch bei nicht-hysterischen Persönlichkeiten. Prospektive Tendenzneurosen. Aggravierte und hysterisch verarbeitete und ausgenutzte *somatische* Störungen mit großem Sekundärgewinn.

Psychodynamik: Im Vordergrund *ödipale* Problematik

Frau: Orale Konflikte mit Mutter verunmöglichen Bewältigung der ödipalen Problematik. Fixierung und Regression auf phallische Phase (Haß gegen Mutter, Enttäuschung vom Vater) bestimmen das Bild der Hysterie.

1. Beziehungen zu Mitmenschen werden durch Eifersucht, Haß, Minderwertigkeitskomplexe, Schuldgefühle, Unzufrie-

denheit mit sich und anderen gestört; starkes Bedürfnis nach Geborgenheit und Sicherheit.

2. *Frigidität* oder Ausbeutung des Partners als „Lieferant von Triebbefriedigungen".
Penisneid führt zu Emanzipation, neurotischer Partnerwahl, Herrschsucht, Triumphgefühl bei Depression, Eifersucht und Kastration des Mannes (Rachetyp).

3. *Infantilität* führt zu Angst vor Erwachsensein, Verantwortung; *Schuldgefühle* zur Wiederholung unerwünschten sexuellen Verhaltens und Strafbedürfnis; Narzißmus und geringes Selbstwertgefühl zu Abhängigkeit von Anerkennung und Geliebtwerden.

4. Vergewaltigungsphantasie (masochistischer Typ); Prostitutionsphantasie (sadistischer Typ).

Mann:

1. *Positiver Ödipuskomplex:* Fixierung an ödipalen Kampf mit Vater führt zu Jagd nach Ruhm, Macht, Überlegenheit. Psychopathische Varianten: Kriminalität, Hochstapler Don Juan, Aktive Homosexualität.

2. *Negativer Ödipuskomplex:* Schuldgefühle und Kastrationsangst führen zur Unterwerfungshaltung in Konkurrenzsituationen, Angst vor Vater und Autorität. Vorherrschen der *Passivitäts*problematik (Abhängigkeit von Mutter und Ehefrau, Arbeitsstörungen, Autoritätskonflikt, Potenzschwäche, neurotische Partnerwahl). Passive Homosexualität.

Therapie: Bei Hysterie weniger Leiden am Symptom als bei Zwangsneurose und Depression. Kein Kampf gegen das Symptom. Gute Übertragung, Arzt oft fasziniert von hysterischem Patienten.

Suggestivtherapie: Umerziehung. Gesundheitswillen wecken. Neue Lebensziele suchen, „goldene Brücken bauen“. Konfliktaufgreifung und Lösungsversuch. Notwendigkeit der Symptombildung bei Frustrationen beseitigen. *Psychoanalyse* bei großem Sekundärgewinn *(Parasitismus)* zwecklos.

Organneurosen

Psychogene Störungen von Atmung, Kreislauf, Verdauung (infolge Angst, Wut, Trauer, chronischem Konflikt) mit Verdrängung *der psychischen Ursache* bei vorgegebenen somatischen Faktoren. Oft auch *Überschneidung* von Psychoneurose mit Organneurose (somatisierte Neurose). Autonomes Nervensystem vermittelt zwischen Psyche und Organ. Organneurose führt evtl. zu dauernden anatomischen Veränderungen.

Differentialdiagnose

1. *Konversionssymptome:* Hysterische Lähmungen, Sensibilitätsstörungen etc. sind symbolträchtig (Zusammenhang mit Verdrängtem) und angstlösend. Vermittler ist das *cerebrospinale* Nervensystem.

2. *Hypochondrie:* Diffuse Ausbreitung der Beschwerden. Körperschema-, nicht Organstörung.

3. *Neurasthenie: Allgemeine* vegetative und psychische Labilität, Organe sind nur mittelbar beteiligt (Asthenie cardiaque, gastrique etc.). Kein Sinnzusammenhang mit Verdrängtem. Verhältnis von Neurasthenie und Organneurose entspricht dem von Angstneurose und Phobie.

Unterformen

1. *Kardiovaskuläre Reaktionen:* Migräne, Kopfschmerz, Hypertonie, Herzneurose.

2. *Respiratorische Reaktionen:* Asthma, Heuschnupfen, Hyperventilationstetanie.

3. *Gastrointestinale Reaktionen:* Ulcus pepticum, Colitis ulcerosa, Anorexia mentalis.

4. *Urogenitale Reaktionen:* Pollakisurie, Dysmenorrhoe, Ejaculatio praecox, psychogene Impotenz, Frigidität.

5. *Endokrine Reaktionen:* Thyreotoxikose.

6. *Hautreaktionen:* Neurodermatitis, Ekzem.

Ätiologie

Ansichten über Bedeutung und Stellenwert der *Psychogenese* kontrovers. *Heredität* wichtiger Faktor bei Migräne, Hypertonie, Ekzem, Basedow. Unterschiedliche *Geschlechtsverteilung:* Ulcus pepticum, Pollakisurie und Potenzstörungen überwiegen bei Männern, Migräne und Basedow bei Frauen.

Angst, Wut (gehemmte Aggressivität) und Schuldgefühle sind als mögliche psychische Faktoren bei allen Organneurosen nachweisbar. *Spezifische* „Organsprache" und „Organsymbolik": z. B. Ulcus = Oral-Sadismus; Colitis = Anal-Sadismus, Migräne = Aggression, Anorexie = Angst, Frau zu sein, Eitelkeit, Trotz; Potenzstörungen = Kastrationsängste, Organspezifität der Neurose auf Grund konstitutioneller Minderwertigkeit (locus minoris resistentiae)?

Therapie

Therapie und Beurteilung in erster Linie Sache des Fachvertreters. Psychotherapie bei Versagen der medikamentösen Therapie.

Charakterneurosen

Charakterneurosen repräsentieren Anpassungsversuche auf frühere infantile Symptomneurosen (z. B. Angst-Hysterie) mit rigidem Abwehrmechanismus, um weitere Zusammenbrüche zu verhindern. Sublimationstyp – Reaktionstyp. Pathologisches Verhalten gegenüber Es (oraler, analer, phallischer Charakter), gegenüber Überich (moralischer Masochismus, acting out-Charakter, Kriminalität), gegenüber Liebesobjekten (Ambivalenz, Eifersucht, gehemmter Charakter, Pseudosexualität). *Typologie* vergl. Abnorme Persönlichkeiten: Hysterischer, anankastischer, zyklothymer, schizoider Charakter. Charakterneurosen sind unter Versuchungs- und Versagungssituation besonders gefährdet, neurotische Symptome zu entwickeln und damit sich mit Symptomneurosen zu kombinieren.

Manisch-Depressive Psychosen

Definition

Rezidivierende endogene Phasen von Melancholie *oder* Manie (monopolare Psychose), von manisch depressiven Misch- und Teilzuständen oder Perioden depressiver *und* manischer Phasen (manisch-depressives Irresein, bipolare Psychose). Häufigste Psychose.

Geschichte

Kraepelin: „Manisch-depressives Irresein". *Freud:* „Trauer und Melancholie". Strafendes Super-Ego. *Abraham:* Orale Struktur. Wiederholung einer kindlichen Depression. *Rado:* „Schrei nach Liebe". *Leonhard:* Zykloide Psychosen.

Symptome der Melancholie

Trias: Antrieb (Psychomotorik) gehemmt. Stimmung unmotiviert gedrückt, *Denken* verlangsamt.

Somatische Symptome: Obstipation, Schlaflosigkeit, Tagesschwankungen, Appetitlosigkeit, Libidoverlust.

Suicidversuch in 10 bis 15%, Suicidgedanken in 70% der Fälle.

Schuldgefühle, Pessimismus, negative Selbsteinschätzung.

Differentialdiagnose: Depressive Neurose, symptomatische Depression bei körperlichen Krankheiten.

Unterformen der endogenen Depression *(Leonhard)*

1. Agitierte Depression: Angst, Erregung, einförmiges Jammern (Jammer-Depression). Gedanken sind hypochondrisch oder selbstquälerisch. Protrahierter Verlauf. Oft im Involutionsalter oder Senium.

2. Hypochondrische Depression: Mißempfindungen, die bis zum hypochondrischen *Wahn* gehen. Unbestimmte Lokalisation. Nosophobien, Entfremdungserlebnisse (Depersonalisation und Körperschemastörungen). Geringe Selbstmordneigung. Chronischer Verlauf.

3. Selbstquälerische Depression: Überwertige oder wahnhafte Versündigungs-, Kleinheits-, Verarmungsideen und Schuldgefühle. Kranke aus höheren Sozialschichten.

4. Paranoide Depression: Eigenbeziehungen und Verfolgungsideen auf *depressiver* Grundlage sind ängstlichgedrückt, nicht streitend-querulatorisch wie beim Paranoid.

5. Depersonalisation: Schmerzhafte Erkaltung des Gefühlslebens. Sentiment du vide (Gefühl der Gefühllosigkeit). Derealisation. Protrahierter Verlauf.

6. Anankastische Depression: Furcht vor *filiziden* Impulsen (Aichmophobie); häufig nach Partus. Zwangsgrübeln, Phobien; latente Aggressionen gegen Bezugspersonen finden sich bei vielen Depressiven.

7. Larvierte Depression: Somatisierte Depression mit neurasthenischer Symptomatik, oft als Organkrankheit verkannt.

8. Involutionsdepression: Erstmals im Klimakterium oder später auftretende endogene monopolare Depression; meist agitiert, hypochondrisch, paranoid. Frauen: Männer = 3:1. Anankastische Primärstruktur. Auslösende Faktoren: Bei *Frauen* Menopause, Heirat der Kinder. Bei *Männern* Nachlassen der Potenz, Pensionierung. Protrahierter Verlauf. Geringe erbliche Belastung.

9. Senile Depression: Endogen oder reaktiv auf Altersprobleme oder symptomatisch bei Cerebralsklerose.

Symptome der Manie

Trias: Antrieb gesteigert (Oniomanie, Vielgeschäftigkeit), Stimmung unangemessen gehoben und gereizt, *Denken* ideenflüchtig (Rededrang).

Optimismus und positive Selbsteinschätzung.

Physiognomie: Jugendlich, strahlend, vital. Manie und Depression wirken auf den Untersucher „ansteckend“.

Unterformen: Chronische Manie, gereizte Manie, verworrene Manie (Inkohärenz), Hypomanie.

Manisch-depressives Irresein (Zyklothymie)

Vielgestaltige Psychose aus manischen und depressiven Teil- und Mischzuständen wie unproduktive Manie, agitierte Depression, Depressio sine depressione, manischer Stupor, ideenflüchtige Depression, sowie aus atypischen, zykloiden Psychosen (Angst-, Verwirrtheits-, Motilitäts-Psychose). Starke erbliche Belastung. *Bipolarität* innerhalb einer Phase oder im Krankheitsverlauf (depressive und manische Phasen mit und ohne freiem Intervall) erkennbar. Manische Symptome wesentlich seltener als depressive.

Zykloide Psychosen *(Leonhard)* oder schizo-affektive Psychosen

Atypische Zyklothymie, *keine* Schizophrenie!

Akute *produktive,* meist kurze Krankheitsphasen. Starke hereditäre Belastung und Rezidivneigung. *Bipolare* Psychose mit depressiven und manischen Äquivalenten.

1. Angst-Glücks-Psychose: Störung liegt vorwiegend im *affektiven* Bereich.

Depressiver Pol: *Angst* mit Wahn und Halluzinationen. Mißtrauen, Eigenbeziehung, Umdeutungen. Körperliche

Beeinflussung und „Hypnose“. Lebhafte Angst spricht gegen Schizophrenie.

Manischer Pol: Ekstase, Glücksgefühl, Eingebung, Berufung. Mystische Erlebnisse, Pseudohalluzinationen.

Präpsychotische Persönlichkeit neigt zu Stimmungsschwankungen, himmelhoch jauchzend/zu Tode betrübt.

2. Erregt-gehemmte Verwirrtheits-Psychose: Störung liegt im *Denken* (ratlos/inkohärent).

Depressiver Pol: Ratloser Stupor *(Kleist)*. Personenverkennungen, Beziehungs- und Bedeutungsideen. Akustische Halluzinationen. Gehemmte Psychomotorik.

Manischer Pol: Inkohärenter Rededrang, gesteigerter Antrieb, gehobene Stimmungslage. Übergang in Motilitätspsychose.

3. Hyperkinetisch-akinetische Motilitätspsychose: Störung liegt in der *Psychomotorik*.

Depressiver Pol: Akinetischer Stupor mit Aufhebung der Reaktiv- und Ausdrucksbewegungen. Haltungsverharren, Gegenhalten, Mutismus, Nahrungsverweigerung.

Manischer Pol: Hyperkinetischer Stupor, psychomotorische Erregung mit reinen Ausdrucks- und Reaktivbewegungen; Sprache ist wenig beteiligt. *Keine* Stereotypien. Ansteigende Erregung führt zu Grimassieren, Toben, Zerreißen und *„tödlicher Katatonie“*. Häufig als Menstruationspsychose.

Differentialdiagnose: Periodische Katatonie.

Verlauf

Alternierende (zirkuläre) Phasen selten. Monopolare Depressionen wesentlich häufiger als Manien. Im Intervall gesund.

Hohe *Rezidivneigung:* 21% eine Phase, 79% zwei, 63% drei 45% vier Phasen *(Rennie).* Durchschnittsalter bei der ersten Phase 45 Jahre. Spontanheilung der depressiven Phase nach circa einem halben Jahr; hypomanische Nachschwankung. Remissionen werden mit zunehmender Anzahl der Phasen kürzer. Bleibende Persönlichkeitsveränderungen bei manisch-depressivem Irresein mit vielen Phasen. Tod durch Suicid, außer bei verworrener Manie und Motilitätspsychose („tödliche Katatonie"). *Suicid* ist stärkster Ausdruck der aggressiven Tendenzen des Melancholikers: Autoaggression und Fremdbestrafung des introjizierten Liebesobjekts.

Hereditäre und biologische Faktoren

Kallmann: Eineiige Zwillinge 100%, zweieiige Zwillinge 26% Konkordanz; H = 1,0. *Luxenburger:* Eineiige Zwillinge 84%, zweieiige Zwillinge 77,15% Konkordanz; H = 0,8. Zwillingsuntersuchungen schwanken zwischen 35% bis 90% Konkordanz. Erblichkeit bei manisch-depressivem Irresein und zykloiden Psychosen größer als bei monopolaren Formen. Erkrankungsrisiko der Durchschnittsbevölkerung 0,5 – 1%, bei Eltern, Geschwistern und Kindern 10 – 15%. Häufiger Frauen als Männer (7:3).

Pyknische Konstitution *(Kretschmer)* oder psychogene, „oral“ bedingte Fettsucht? Aminstoffwechsel (Serotonin und Noradrenalin) sind gestört. Bei Depression liegt ein Mangel an Aminen vor, bei Manie ein Überangebot von Noradrenalin.

Melancholie bei Gelbsucht, Wochenbett, Klimakterium.

Euphorie bei Krebs, Blindheit, Cortison, Infektionskrankheiten.

Psychoanalytische Theorie *(Fenichel)*

Das narzißtische Selbstwertgefühl des oral fixierten Depressiven ist in hohem Maße von *äußeren Zuwendungen* (Liebe, Anerkennung, Nahrung) abhängig. Frustriert neigt er zur Aggression (Dysthymie), seine orale Abhängigkeit zwingt ihn aber zur Demut und Unterwerfung (um zu bekommen, was er braucht). Die Objektbeziehungen sind gierig-„süchtig“: Tendenz das Objekt zu introjizieren (nicht nur Personen, auch Drogen, Hobby). Geliebt werden und gutes Gewissen sind lebensnotwendig. Bei Verlust der äußeren und inneren Zuwendungen Depression; neurotische Depression kämpft mit Liebesobjekt, endogene Depression mit dem Gewissen (Über-Ich, internalisiertes Objekt) um Anerkennung; Feindseligkeit gegen frustrierende Objekte wendet sich gegen das eigene Ich (Schuldgefühle, Suicid).

Die *oral-sadistische Introjektion* des ambivalent geliebten Objekts, dessen Liebe narzißtisch gefordert wird, bildet den Auslöser der Depression. Formel: Regression von Objektbeziehung zur Identifikation = Regression zum Narzißmus = Regression zur oralen Fixierung. Nach der Introjektion ins Über-Ich beginnt die Selbstquälerei (sadistisches Über-Ich).

„Manisch-depressiv" ist nur eine krankhafte Übertreibung eines universellen Auf und Ab des Selbstwertgefühls (Launen, Stimmungen etc.). Die narzißtische Regression (= Psychose) unterscheidet neurotisch und „endogen". In der *Manie* hat sich das Ich vom Über-Ich und dem Schatten des Introjekts befreit und *feiert* das Ereignis. Meist keine echte Freiheit, sondern Verleugnung oder Vergessen (E-Schock) der Abhängigkeiten und der Depression; daher verkrampftes, gereiztes, überschiessendes Verhalten – aber noch nie hat sich der Depressive so wohl gefühlt wie in seiner 1. manischen Phase.

Psychologische Faktoren *(Arieti)*

Spätere Depressive werden in *früher* Kindheit (orale Phase) von der Mutter verwöhnt oder oral frustriert. Sie bleiben von Liebeszuwendung abhängig. *Orale Struktur* (Adipositas, Rauchen, Alkohol). Vater oft schwach oder depressiv. Tod *eines Elternteils,* gewöhnlich des Vaters, vor dem 15. Lebensjahr in 40% der Fälle.

In späteren Stadien (ab 3 Jahre) verlangt die Mutter unter

Androhung von Liebesentzug Altruismus, Gehorsam, Mitverantwortung; meist viele Geschwister, Kranker häufig *ältestes* Kind. Drohung von Liebesentzug führt zur Angstabwehr durch Unterwerfung, Masochismus und *Elternbindung.*

Rebellion und Ressentiment werden wegen Schuldgefühlen und Angst vor Strafe unterdrückt. „Friede um jeden Preis."

In der *Latenzphase* starkes Ideal-Ich und Super-Ego. Guter Schüler, Streber, aber Entwicklung einer *schwachen Persönlichkeit* mit geringen Ich-Kräften.

(Präpsychotische) depressive Persönlichkeit

Mann: Patriot, loyal, religiös. Pessimist. Familiensinn. Ehrgeizig und ungeduldig. „Innerdirected". Angepaßt, aber unglücklich; bemüht, aber erfolglos („Wie er's macht, macht er's falsch"). Tiefstapler, Verehrer von Frauen (Adorant), Idealist.

Frau: Anhänglich, klebend. Symbiose mit Eltern und Ehepartner. Neigt zur *masochistischen* Form ehelicher Unangepaßtheit: „Sieh, wie ich leide!" Nörgelnd, schwernehmend, vorwurfsvoll (latente Aggressionen). Gute Hausfrau und besorgte Mutter.

(Präpsychotische) manische Persönlichkeit

Vital, „happy go lucky", „outerdirected". Verdrängt Angst

und Schuldgefühle. Manager, Conferencier, Spaßmacher, Marktschreier, Angeber. Ständig auf der Flucht vor Depression und Innenleben.

Auslösungsfaktoren

Oft kein aktuelles Erlebnis eruierbar, sondern leichte Depression, Dysthymie und Unzufriedenheit als Dauerverfassung. Häufigste aktuelle Anlässe sind:

1. Tod oder schwere Krankheit einer engen, aber ambivalent geliebten Beziehungsperson (Eltern, Geschwister, Ehepartner).

2. Versagen oder Untreue einer idealisierten Beziehungsperson (Ehe-, Liebesenttäuschung). Konflikt mit den Eltern.

3. Enttäuschung und Konflikt im Beruf. *Pensionierung.*

4. Pseudo-freudige Ereignisse (Belastungen) wie Verlobung, Heirat, Examen, Geburt eines Kindes, *Hausbau.*

5. Langsame Auslösung durch Unzufriedenheit, Lebensüberdruß, Alter, Krankheit.

Transkulturelle Faktoren

In Deutschland, Süd- und Osteuropa sind endogene Depressionen sehr häufig (Innerdirectedness). Abnahme in den USA (Outerdirectedness). Epidemiologie der Depression unsicher infolge unterschiedlicher Diagnosen (Neurose, Schizophrenie).

Therapie

1. Verwahrung bei ernster Suicidgefahr. Dauer 6 bis 8 Wochen.

2. Medikamentös: Thymoleptika, Opiumkur, Schlafentzug. Lithium und Neuroleptica bei Manie und agitierter Depression. Keine Stimulantien!

Thymoleptika: Tofranil, Pertofran, Noveril, Anafranil, Laroxyl, Saroten.

Nebenwirkungen: Hypotonie, Tachykardie, Harnverhaltung, Akkomodationsstörung.

3. Bei rezidivierenden Depressionen, besonders bei manisch-depressiver Psychose *Lithium* als Dauermedikation zur Prophylaxe von Rezidiven. Einstellung und Serumkontrollen.

Nebenwirkungen: Tremor, Struma, Potenzschwäche, Muskelschwäche.

4. Elektroschock in schweren Fällen. 6 bis 12 Krämpfe in 2 bis 4 Wochen. In 90% gute Remission. Fast keine Kontraindikation. Mortalität 0,06% (Herzstillstand).

Nebenwirkungen: Korsakow, Frakturen (nicht bei Succinylcholin), Apnoe (Sauerstoffbeatmung, evtl. Intubation).

Technik: Nüchtern lassen, Urin entleeren. Eine halbe Stunde vor Schock Atropin 0,0005. Mundschutz, Sauerstoff, Succinyl 20 – 30 mg i. v., Elektroden an den Schläfen anlegen, Strom einschalten (120 V, 0,4 sec.).

5. Psychotherapie: Intervallbehandlung zur Abwendung von Rezidiven. Starke Übertragung mit Anhänglichkeit, Bestrafungswunsch, Autoritätsglaube. Ich-Kräfte stärken, Entthronung des Super-Ego, schöpferische Kräfte fördern. Bei Enttäuschung neue Phase verhindern. Wichtig ist, die für den Patienten spezifischen Auslösungsfaktoren zu kennen. Unabhängigkeit anstreben.

Schizophrene Psychosen

Definition

Psychose mit *formalen* Denk-, Gefühl- und Willensstörungen, *Desintegration* der Persönlichkeit („Spaltung“) und *Defektbildung*. Stimmenhören und Wahnideen sind nicht beweisend für Schizophrenie. Diagnose wird eher zu oft als zu selten gestellt.

Geschichte

Kraepelin (1889): *„Dementia praecox“* umfaßt Katatonie *(Kahlbaum)*, Hebephrenie *(Hecker)*, Paraphrenie. *E. Bleuler* (1911): „Schizophrenie“. Dementia simplex. Primär-Symptome: Denkstörung, Autismus (Antriebsstörung), Ambivalenz, inadäquater Affekt. *K. Schneider:* Symptome 1. Ranges: Gedankenentzug, Gedankenlautwerden, leibliche Beeinflussungserlebnisse. Gemachte Gefühle, Triebe und Willensvorgänge. *Freud:* Regression. *Sullivan, Lidz:* Kind-Eltern-Beziehung. Familiäre Genese.

Klinische Typen und Symptomatik

Je nach der *vorherrschenden* schizophrenen Störung im Denken, Fühlen und Wollen unterscheiden wir *paranoide, hebephrene* und *katatone* Schizophrenien. Bei akuter und Defekt-Schizophrenie ist diese Unterscheidung oft schwierig oder unmöglich

Je nach *Verlauf* unterscheiden wir:

I. Akute Schizophrenie mit „Nervenzusammenbruch", kurzen Schüben, guten Remissionen oder Defektbildung. Differentialdiagnose: Zykloide Psychose.

Akute Schizophrenien sind durch *Primärsymptome* ausgezeichnet:

1. Denkstörungen: Zerfahrenheit, Gedankenfragmente, -kontaminationen, bizarre Gedanken, unklares Denken, Denksperre, Gedankeneingebung (Hypnose), Gedankenentzug. Häufiger: Einfache *Konzentrationsschwäche.*

Tendenz zur *Konkretisierung* und *Projektion:* Halluzinationen, Wahn.

Sprachstörungen: Neologismen, Echolalie, Verbigeration, Flüstern, Logorrhoe. Häufiger: Bizarrerie, Maniriertheit.

Untersuchungsmethode: Sprichwörter und Unterschiede erklären lassen wie „Keine Rose ohne Dornen", Treppe/Leiter, Kind/Zwerg, Geiz/Sparsamkeit.

2. Autismus: Patient lebt in eigener Welt, ist okkupiert von Wünschen, Befürchtungen (Weltuntergang), pseudophilosophischen Gedanken. Abkehr von der Realität, soziale

Isolierung, Antriebsschwäche. Autismus vorherrschendes Symptom bei *Dementia simplex.*

3. Ambivalenz: Unentschlossenheit, Wechsel von Trotz und Nachgiebigkeit, führt zu Negativismus oder Proskinesis – Antriebssperrung. Vorwiegend bei *Katatonie.*

4. Inadäquater Affekt: *Läppisch,* kalt, indifferent, hypomanisch. Vorherrschendes Symptom bei *Hebephrenie.* Häufiger: Ängstlich, depressiv, apathisch.

II. Chronische, systematische Schizophrenie mit schleichendem Beginn, chronischem, progredientem Verlauf und ungünstiger Prognose. Hier herrschen *Sekundärsymptome* (akzessorische) vor.

1. Halluzinationen: Akustische, optische, taktile u. a. Trug*wahrnehmungen* mit subjektivem Realitätswert. *Stimmen* (Phoneme) kommentieren die Gedanken, beschimpfen, drohen. *Visionen* (Eidetiker). *Eigengeruchs*paranoia. Geschmackshalluzinationen bei Vergiftungswahn. *Sexuelle Halluzinationen* (taktile Halluzinationen) werden auf Befragen angegeben.

2. Wahn: Trug*vorstellungen* mit subjektivem Realitätswert. Konkretisierung von Wünschen und Befürchtungen. Sekundärer Erklärungswahn aus Halluzinationen, Träumen (Wahrträume). Meist *Beziehungs-, Bedeutungs-, Beeinflussungs- und Verfolgungswahn,* seltener *Größenwahn.*

3. Psychomotorische Störungen: Akinetischer und hyper-

kinetischer Stupor. Katalepsie (Flexibilitas cerea, Mitgehen, Haltungsverharren), Sperrung, Stereotypie, Echopraxie, Negativismus, Manieren, Grimassieren. Häufigste Antriebsstörung: Intentionale Verarmung.

4. Affektstörungen: Affektive Resonanz herabgesetzt oder aufgehoben. Verschrobenheit, flache Euphorie und Leere.

Aufteilung der systematischen Schizophrenien nach Leonhard

1. Paranoide Schizophrenie oder Paraphrenie: Beginn nach dem 25. Lebensjahr. *Unsystematischer* Wahn und Halluzinationen. Geringe Regression, Persönlichkeit bleibt weitgehend erhalten. Geringer Affekt. *Differentialdiagnose:* Affektvolle Paraphrenie (Paranoid).

a) *Hypochondrische Paraphrenie:* Groteske Leib-Halluzinationen mit körperlichen Beeinflussungen (Strahlen, Ströme). *Phoneme.* Mißmutige Stimmung. Erklärungswahn. Im Beginn: Depressive Verstimmung. Identisch mit *coenästhetischer* Schizophrenie *(Huber).*

b) *Phonemische Paraphrenie:* Ausschließlich *Stimmenhören.* Lautwerden von Gedanken mit peinlichem, unangenehmem Inhalt. Alle Welt weiß die Gedanken. Dabei *ausgeglichene* Stimmung. Denken formal kaum gestört, keine Wahnideen. *Mildeste* Form der systematischen Schizophrenie.

c) *Inkohärente Paraphrenie:* Zahlreiche Sinnestäuschungen

mit Konfabulationen. Anhaltendes Halluzinieren. Öfter Erregungszustände. Erhebliche Denkstörung mit Inkohärenz, Kontaminationen, Entgleisungen, Größenideen.

d) *Phantastische Paraphrenie (Kraepelin):* Blühende Wahnproduktion. Massenhalluzinationen wie „Jüngstes Gericht", Schlachten, Massaker. Erinnerungsfälschungen. Absurde Wahneinfälle mit Größenideen und Personenverkennung Neologismen.

e) *Konfabulatorische Paraphrenie:* Produktionen basieren auf *traumartigen* Erlebnissen oder wahnhaften Erinnerungstäuschungen. *Versinnlichung* (Konkretisierung) der gedanklichen Vorgänge. Optische Erlebnisse. Starke Suggestibilität. Gehobene Grundstimmung mit Größenideen.

2. Hebephrenie: Schwierige Diagnose. Schnelle Regression und Desintegration der Persönlichkeit. Körperschemastörungen. *Läppisches Lächeln.* Zerfahrenheit, Versandung, Verwahrlosung. Zu Beginn: Depressive oder euphorische Verstimmung.

Hebephrenie ist akuter und produktiver als Dementia simplex.

a) *Läppische Hebephrenie:* Kindische Streiche, Eigensinn, Vorbeireden, „Lächeln", Zufriedenheit. *Ethische* Abstumpfung (Freßgier, Onanie). Kurze Verstimmungen und Erregungszustände.

b) *Verschrobene Hebephrenie:* Depressive Form. Sammelmanier und andere „Zwänge“, querulatorische Note, hypochondrische Beschwerden. *Landstreicher.* Meist gute Intelligenz.

c) *Flache Hebephrenie* = Dementia simplex.

3. Katatonie: Klassische psychomotorische Symptome wie hypo- und hyperkinetischer Stupor, Negativismus, Mutismus, *Stereotypie,* Sperrung, Flexibilitas cerea, Sprachstörungen. *Tobsuchtsanfälle.*

a) *Parakinetische Katatonie:* Faxen, Grimassen, oft nur flüchtig, Bizarrerien, Echopraxie, Agrammatismus.

b) *Manirierte Katatonie:* Unterlassungsmanieren wie Nahrungsverweigerung, Mutismus, Haltungsverharren, Stehen auf einem Fleck. Bewegungsmanieren wie Wippen, Klatschen.

c) *Proskinetische Katatonie:* Mitgreifen, Mitgehen, Murmeln, Nesteln. Bereitschaft zu automatischen Bewegungen. Sorglose Zufriedenheit.

d) *Negativistische Katatonie:* Starre Haltung (Oreiller psychique), Mutismus, *Impulshandlungen.*

e) *Sprechbereite Katatonie:* Vorbeireden, Murmeln, Neologismen.

Weitere Unterformen der Schizophrenie

1. Dementia simplex: Unproduktive Form. *Knick* in der Lebenslinie. Beginn in Adoleszenz (Abitur) mit Konzentrationsschwäche, Gedankenarmut und sozialer Isolierung. Später Bettsucht, Verwahrlosung, Versanden. Keine Wahnideen und Halluzinationen. Last für die Familie.

2. Pseudoneurotische Schizophrenie *(Hoch* und *Polatin): Multiple* neurotische Symptome, *Angst, Körperschemastörungen.* Differentialdiagnose: Hypochondrische Entwicklung.

3. Pfropfschizophrenie: Abnorme Reaktionen *Schwachsinniger.*

III. Defektschizophrenien mit stationärem Verlauf und Exazerbationen. Störung vorwiegend im *intentionalen* Bereich. Schwierige Klassifizierung wie bei akuter Schizophrenie. Defekt nach mehreren schizophrenen Schüben (z. B. periodische Katatonie) oder längerem Bestehen einer systematischen Schizophrenie (z. B. ausgebrannte Hebephrenie). Hospitalisierungs- und Pharmakaeffekt kommen hinzu.

Symptomwandel der Schizophrenie

Zunahme *oligosymptomatischer* Fälle. *Paranoid*-halluzinatorische Form überwiegt (50%). Katatonie selten. Hebephrenie, Dementia simplex, pseudoneurotische Schizophrenie bilden die Diagnosen für eine oft schwer differenzierbare Gruppe von psychotischen jugendlichen *Versagern.*

Psychodynamik *(Freud, Fenichel)*

Grundkonzept: *Regression* des Ich auf primären Narzißmus (als Objekte noch nicht existierten). Realitätsverlust = Objektverlust = Ich-Zusammenbruch = Regression zum Narzissmus. Direkte Symptome des regressiven Zusammenbruchs: Weltuntergangsideen, Depersonalisation, Derealisation, Introversion, Primär-Prozeß-Denken (magisch, archaisch, megaloman), Körperschemastörungen. *Restitutions*symptome (= sekundäre Symptome): Welterrettungsideen, Halluzinationen. Wahn.

Ich löst sich nach inkompatiblen Erlebnissen (Versuchungserlebnisse, Versagen) völlig oder partiell in das Es auf, das keine Kenntnis von Objekten und Realität hat. „Es" besteht aus infantilen Impulsen und Ödipus-Komplex. Regression ins Elternhaus. Nicht geglückte Restitution mit Hilfe von Wahn oder Resignation.

Psychologische Ursachen

Schwer gestörte Eltern-Kind-Beziehungen (Sullivan, Lidz). Keine spezifischen Konstellationen, aber Familie ist nicht glücklich, Eltern passen nicht zusammen. Oft latente Spannungen wie Mißtrauen, Rivalität, Enttäuschungen, Scheidungsabsichten. Irrationalität, *folie à famille, double-bind-Verhalten* gegenüber Kindern.

Ehe-Schisma: Dominante, egozentrische, manipulierende Mutter/weicher Vater; tyrannischer Vater/schwache Mutter. *Schizophrenogene Mutter* ist gegenüber dem *Sohn* verwöhnend und ängstlich, gegenüber der *Tochter* feindselig und kalt; läßt selbständige Entwicklung der Kinder nicht zu, hat eigene neurotische Schwierigkeiten.

Normales Kind entwickelt am Vorbild der Eltern Körperschema, Geschlechts-Rolle, geistige Persönlichkeit und Selbständigkeit. Der spätere Schizophrene bleibt in infantiler Abhängigkeit von den Eltern, hat Minderwertigkeitskomplexe, Körperschemastörungen und Schwierigkeiten mit seiner Geschlechtsrolle (Angst, homosexuell zu sein).

Präpsychotische Persönlichkeit

Schizoid: Eigenbrötlerisch, empfindlich, scheu, unpraktisch (Verbal-IQ besser als praktischer IQ) Angst vor GV. Okkulte, philosophische, oft verstiegene Interessen. In Adoleszenz von *Reifungskrise* schwer zu unterscheiden (Borderline).

Auslösungsfaktoren

Zwischenmenschliche Konflikte und situative Belastungen, z.B.:

1. Wenn in Pubertät und Adoleszenz normale Reifungsanforderungen nicht bewältigt werden wie Ablösung vom Elternhaus, Finden der Geschlechtsrolle, den Neigungen und Fähigkeiten entsprechende Berufswahl.

2. Bei *aktuellen Belastungen* wie Verlobung, Heirat, Schwangerschaft; Reisen, Examen, Berufswechsel.

Hereditäre und biologische Entstehungsbedingungen

Erbfaktor notwendige, aber nicht hinreichende Ursache. *Zwillingsstudien:* Eineiige Zwillinge zeigen 65% bis 85% Konkordanz *(Kallmann, Slater, Rosanoff, Essen-Moeller).* Rezessiver Mendel-Faktor?

Erbprognose bei § 32 EheG und Adoption beachten: Bei *einem* schizophrenen Voll-Geschwister sind 12% der Vollgeschwister und 7% der Halbgeschwister schizophren. Bei *zwei* schizophrenen Eltern sind 41% der Kinder, bei *einem* schizophrenen Elternteil 16% der Kinder, 3% der Enkel, 16% der Neffen und Nichten schizophren. *Durchschnittsbevölkerung:* 0,8 schizophren.

Biologische (neuropathologische, biochemische, pathophysiologische) Forschung bisher ohne sichere Ergebnisse. Es wird an folgende biochemische Störungen gedacht: Falsche Methylierung, Störung im Dopaminstoffwechsel. Leptosome Konstitution *(Kretschmer).* Hirnschädigung im Bereich des III. Ventrikels? *(Huber).*

Schizophrener exogener Reaktionstyp bei zahlreichen organischen Hirnkrankheiten wie Paralyse, Epilepsie, CO-Vergiftung, Hirn-Trauma und -tumor, *Encephalitis,* Alkoholismus, Stimulantien, LSD.

Sozio-kulturelle Faktoren

Häufigster Beginn der Krankheit zwischen 15 un 30 Jahren (60%). Männer: Frauen = 1:1; zwei Drittel der Männer bleiben *ledig. Untere* sozioökonomische Schicht achtmal häufiger betroffen *(Hollingshead* und *Redlich). Städtische* Bevölkerung häufiger als Landbevölkerung. Unterschiedliche Kulturen haben unterschiedliche *pathoplastische* Einflüsse. Abnahme der Dauerhospitalisierung und der schweren Formen durch Pharmakotherapie (Neuroleptika).

Therapie

Je früher um so besser! Bis 1952 Elektrokrampftherapie, Insulin-Koma; zur Beruhigung SEE, Paraldehyd. Jetzt *Pharmakotherapie, Psychotherapie,* Soziotherapie, Rehabilitation.

Neuroleptika: Phenothiazinderivate: Megaphen, Psyquil, Neurocil, Melleril, Taxilan, Decentan, Lyogen, *Leponex.*

Butyrophenonderivate: Haloperidol.

Beeinflussen Psychomotorik, Halluzinationen, Wahnideen, Denkstörungen. Tagesdosis und Dauer je nach Schwere der Krankheit. Bei Nebenwirkungen absetzen, austauschen oder reduzieren. *Erhaltungsdosis* nach klinischer Entlassung vermindert Rezidive.

Vorzüge der Neuroleptika: Stabilisierung, Äquilibrierung,

Verkürzung der klinischen Behandlung, Ruhigstellung ohne Hypnotica, keine Gewöhnung. Verringerung des Behandlungsrisikos, Änderung des Anstaltsmilieus.

Nebenwirkungen: Parkinsonoid, Spätdyskinesien, Akathisie, Hypotonie, Ikterus, *Thrombose* (3%), *Lethargie,* Delirien, Depression.

Endokrine Nebenwirkungen: Gewichtszunahme, Herabsetzung der Libido und Potenz.

Haupttodesursache: Lungenembolie, Suicid.

Psychotherapie: Vertrauen schaffen! Keine Verwöhnung, keine Symbiose. Feindseligkeit vermeiden. Zahlreiche Sitzungen; keine Fragen stellen, abwarten, reden lassen, bis Angst verschwindet. Aktive *Teilnahme* am Leben des Kranken mit Hilfe von Assistent, Krankenschwester, Angehörigen.

Beschäftigungstherapie, Gruppen- und Arbeitstherapie, Psychotherapie in der Klinik. *Rehabilitationsmaßnahmen* in der Klinik beginnen und draussen über längere Zeit fortsetzen (beschützende Werkstätte, Wohnheim).

Paranoides Syndrom (Paranoia)

Häufiges *Symptom* bei verschiedenen Psychosen (manisch-depressive, schizoaffektive, schizophrene, toxische u. a.). Nosologische Eigenständigkeit problematisch, daher als *Syndrombegriff* gelehrt.

Definition

Chronischer systematisierter Wahn ohne Halluzinationen, ohne schizophrene Primärsymptome und ohne Defekt.

Definition des *Wahns:*

1. Beziehungssetzung ohne Anlaß *(Gruhle),*
2. Inhaltlich verkehrte *Vorstellungen,* Urteile und Schlüsse, welche durch eine krankhafte Assoziation mit Einbeziehung des *Ich* entstehen, nicht als krankhaft anerkannt und nicht durch Gegengründe korrigiert werden (subjektive Gewißheit).

Vorstellungen können wahr sein und doch Wahn, z. B. bei *begründetem* Eifersuchtswahn.

Vorstellungen können falsch sein und doch nicht Wahn, z. B. Glaube an die Existenz einer Hölle, der Reinkarnation usw.

Etymologie: Vanus (leer) → Wahn. Venus → wähnen, Wahnfried.

Geschichte

Kraepelin (1893): Paranoia / Paraphrenie / paranoide Schizophrenie. *Kolle:* Paranoia = paranoide Schizophrenie. *Freud:* Verleugnung, Projektion von Homosexualität. Wahn: Abwehrmechanismus, nicht Symptom. Liebe → Haß. *Psychodynamische Formeln* (Homosexualität – Verleugnung – Projektion): 1. Ich (ein Mann) liebe einen Mann (homosexuell) → Verleugnung → ich hasse ihn → Projektion → er haßt mich → *Verfolgungswahn.* 2. Ich liebe nicht ihn (homosexuell), sondern sie → Projektion → sie liebt mich → *Liebeswahn.* 3. Ich liebe nicht ihn (homosexuell) → Projektion → sie liebt ihn → *Eifersuchtswahn.* 4. Ich liebe nicht ihn / sie, sondern mich → *Größenwahn.*

Andere (nicht-homosexuelle) Projektionen: 5. Ich (eine Frau) hasse meinen Mann → Verleugnung und Projektion → ich liebe ihn, aber er haßt mich → *Verfolgungswahn.* 6. Ich (eine verheiratete Frau) liebe andere Männer → Verleugnung und Projektion → Männer stellen mir nach und halten mich für eine Hure. Häufiger paraphrener Wahn im Klimakterium.

Leonhard: Affektvolle Paraphrenie mit depressiv-sensitiven und maniform-streitendem Pol.

Unterformen

1. Paranoischer Wahn: Bedeutungs-, Beachtungs-, Beziehungs-, Verfolgungswahn.

2. Größenwahn: Abstammungs-, Erfinder-, Berufungs-, Prophetenwahn (religiöser Wahn). Häufig bei Manie und Glückspsychose (katathymer Wahn).

3. Depressiver Wahn: Versündigungs-, Verarmungs-, Kleinheitswahn (katathymer Wahn). Hypochondrischer Wahn.

4. Eifersuchtswahn: Bei chronischem Alkoholismus. Meist nur *neurotische* Eifersucht.

5. Liebeswahn *(Clérambault):* Liebe bezieht sich auf höhergestellte und unerreichbare Persönlichkeiten. Grossesse nerveuse (wahnhafte Schwangerschaft).

6. Delirium metabolicum: Alles vertauscht, Lüge, z. B. falsches Datum, falscher Name.

7. Delirium palingnosticum *(Capgras):* Wiedererkennen, Doppelgänger, Personenverkennungen. Physiologische Varianten: Déjà vu, Heautoskopie.

8. Délire des négations *(Cotard).* Nihilistischer Wahn: Hypochondrie, Unsterblichkeits-, Unendlichkeitswahn.

9. Dermatozoenwahn: Taktile Halluzinose von Milben, Läusen (Schuppen) im Senium.

10. Querulantenwahn: sehr selten. Häufig *neurotische* Querulanz. Überwertige Idee *rechtlicher Beeinträchtigung*. Männer zwischen 40 und 65 Jahren, z. B. Frhr. v. Hausen, Michael Kohlhaas.

11. Folie à deux (induziertes Irresein), Wahn zu zweit: Geschwister, Mutter / Kind, Ehepartner. Konformer Wahn *(v. Baeyer)*. „Massenpsychose" *(Le Bon)*.

12. Paranoische Persönlichkeiten: Krankhafte Eifersucht, Erfinder, Reformer, Querulant, Fanatiker, Anarchist, Sektierer, Phantast. Überwertige Ideen *ohne* Realitätsverlust (Wahn).

Differentialdiagnose: Paranoide Schizophrenie, paranoide Depression, Angst-Glücks-Psychose. Auch bei Paralyse, Epilepsie-Psychose, Alkoholismus und anderen hirnorganischen Krankheiten.

Soziologische Faktoren

Männer:Frauen = 1:2 Männer meist ledig. Erkrankungsalter später als bei paranoider Schizophrenie, oft erst zwischen 40 und 60 (Paraphrenie). Persönlichkeit bleibt trotz Wahn erhalten und arbeitsfähig.

Psychodynamik *(Cameron)*

Paranoische Regression ruht auf den Fixationspunkten

Homosexualität, Geschwister-Rivalität, sadistisches Super-Ego.

Kind erlebt ungewöhnliche Härte: Ablehnung, Vernachlässigung, Abwesenheit der Mutter *(M. Klein:* „böse Mutterbrust“*)*.

Identifikationsmängel. Später unsichere und sensitive Persönlichkeit → Enttäuschungen → verdoppelte Anstrengungen → Versagen → Verleugnung und Projektion → neue, aber wahnhafte Realität, meist aus Verfolgern und Feinden bestehend.

Psychotische Regression, da exzessive Verleugnung und Projektion normale Abwehrmittel ersetzen (Verdrängungsdefekt):

1. Übertriebene Verleugnung und Projektion der *Selbstverursachung.*

2. Verleugnung und Projektion eigener, unakzeptabler *sexueller* und *aggressiver* Impulse.

3. Verleugnung und Projektion eigener *Feindseligkeit.*

4. Größenideen als Reaktionsbildung.

Präpsychotische Persönlichkeit

Unsicher, sensitiv, *mißtrauisch* (sensitiver Beziehungswahn) *oder* egozentrisch, autoritär, mit heiterer Fassade (affektvolle Paraphrenie).

Auslösungsfaktoren

Aggressive und sexuelle Impulse bei gewissenhaften Menschen fortgeschrittenen Alters. *Isolierung,* z. B. in sprachfremder Umgebung, bei Schwerhörigkeit, seltener bei Blindheit (nach Staroperation).

Verlauf

Beginn: Plötzlich / schleichend. Mysteriöse Umwelt, Mißtrauen, Wahneinfall, Wahnstimmung.

Kristallisationspunkte: Wahn-Hypothesen, wahnhafte Erinnerungstäuschungen, Wahnwahrnehmungen (ich-bezogene falsche Bedeutung echter Wahrnehmungen).

Pseudo-Kommunität (Verfolger): Spione, Ehepartner, Nachbarn, politische Gegner etc.

Stabiler Wahn: „Alles ist klar"; Systematisierung.

Paranoische Aktionen: Flucht oder Attacke. Gegenaggressionen der Gesellschaft wie Isolierung, Verwahrung, Entmündigung.

Remission: Residualwahn, Dissimulation.

Therapie

Soziale Remission durch *Neuroleptika.* E.-Schock nicht indiziert. *Hospitalisierung* nur vorübergehend. Verwahrung oder Entmündigung selten erforderlich. *Residualwahn* bleibt trotz Erhaltung der Persönlichkeit zurück, wird bestenfalls dissimuliert.

Psychotherapie: Vertrauen schaffen. Ausbruch aus der Isolierung fordern. Neutralen Beziehungspunkt bilden. Pseudo-Kommunität gibt ein Bild von der inneren (dynamischen) Situation des Kranken. Schlechte Erfolgsaussichten, da meist kein Vertrauen zum Therapeuten.

Abnorme Persönlichkeiten (Psychopathen und Soziopathen)

Definition

Akzentuierte Varianten menschlicher Wesensarten. Kurt *Schneider:* „Psychopath ist eine abnorme Persönlichkeit, die entweder an sich leidet oder unter der die Gesellschaft leidet.“ Amerikanische Psychiater rechnen die Vertreter des 1. Teils der Definition zu den Charakter-Neurosen. Die Vertreter des 2. Teils nennen sie *Soziopathen:* Von 100 Verbrechern sind 65 Soziopathen, 35 neurotisch, psychotisch, schwachsinnig oder normal.

Geschichte

Pinel: Manie sans délire. *Prichard* (1835): Moral insanity. *Morel, Magnan:* Dégénéré supérieur. *Möbius:* Entartungsirresein. Angeborene Lücken und Mängel des Charakters. *Lombroso:* Delinquente nato. Degenerationszeichen. *J. A. Koch* (1891): *Psychopathische Minderwertigkeiten (Oppenheim:* „Höherwertigkeiten“*). Kraepelin:* 7 Psychopathen-Typen. *K. Schneider:* 10 Spielarten.

Unterformen

1. *Hyperthyme* Persönlichkeit: Schwätzer, miles gloriosus, betriebsam, laut, tyrannisch, streitsüchtig, omnipotent.

2. *Depressive* Persönlichkeit: Von Haus aus ernst, still, passiv; pessimistisch, aggressionsgehindert, glücklos, masochistisch.

3. *Sensitive* Persönlichkeit: Selbstunsicher, gehemmt, misstrauisch, verletzbar, nachtragend, ehrgeizig.

4. *Fanatische* Persönlichkeit: Starrsinnig und unbelehrbar, querulatorisch. Sektierer, Märtyrer, Phantast. Neigung zu Megalomanie.

5. *Geltungsbedürftige* (hysterische) Persönlichkeit: Theatralisch, launisch bis chaotisch, gierig, suggestibel, infantil (Betrüger, Hochstapler, Pseudologe).

6. *Erregbare* Persönlichkeit: Nicht gemütlos, aber ungsteuerter explosiver Affekt; oft minderbegabt, Trinker, (Schläger).

7. *Anankastische* Persönlichkeit: Übergenau, pedantisch, geizig, ungemütlich. Starke Minderwertigkeitskomplexe; oft geheime Leidenschaften: Onanie, Sado-Masochismus, Kleptomanie.

8. *Schizoide* Persönlichkeit: Ungesellig, introvertiert, ambivalent, narzisstisch, verstiegen.

9. *Asthenische* Persönlichkeit: Konstitutionell „verkürzt“, wenig belastbar, schnell erschöpft. Klagen über psychovegetative Störungen aller Art. (Rentenneurotiker, Versager).

10. *Willensschwache, haltlose* Persönlichkeit: Zeichnet sich aus durch Arbeitsscheu, Unbeständigkeit, Leichtfertigkeit, Unstetheit, Verführbarkeit, Neigung zu Trunksucht, Spiel- und anderen Suchten und Leidenschaften (Monomanien). Parasit, Prostituierte, Vagabund, Gammler, Oblomowist, Bummler, Arbeitsverweigerer. Ein Teil neigt zur Delinquenz: „Rechtsverletzungen aus psychopathischer Schwäche" *(Birnbaum).*

Soziopathen (Psychopathische Verbrecher)

Kriterien des Soziopathen nach Cleckley:

1. *Hysterische* Struktur, oberflächlicher Charme, Infantilität, athletische Konstitution.

2. Fehlen von Angst, Zwangsneurose, Hypochondrie, Neurasthenie.

3. Rezidivierendes impulsives acting out.

4. Gewissensdefekt (Super-Ego-Defekt), Unempfindlichkeit für Belohnung und Strafe. Keine Schuldgefühle, keine tiefergehenden zwischenmenschlichen Beziehungen.

5. Unfähigkeit, zwischen wahr und unwahr zu unterscheiden (Pseudologie) sowie aus Erfahrung zu lernen.

6. Planlosigkeit, Disziplinlosigkeit, Promiskuität.

Differentialdiagnose des Verbrechers:

Normaler Verbrecher: Zweckvolle, zielbewußte Kriminalität. Starke Aggressivität, Gruppenloyalität (Gangster). Intrapsychisch geordnet, aber *dissozial.*

Neurotischer Verbrecher	*Soziopathischer Verbrecher*
Jedes Alter.	Pubertät bis 25 Jahre.
Mittel- und Oberschicht.	Unterschicht
Rigides Super-Ego	Super-Ego-Defekt.
Vorgealtert.	Infantil (ungelöster Ödipuskomplex).
Selbstunsicher, schüchtern.	Selbstsicher, sorglos, kontaktfreudig.
Ernst, ängstlich.	Happy go lucky, euphorisch.
Minderwertigkeitskomplexe.	Indifferent gegenüber inneren Werten.
Starkes Liebesbedürfnis, Anhänglichkeit.	Sex appeal, Promiskuität, Manipulation des Partners (Ausbeutung).
Impotenz, Frigidität, Perversionen.	Keine Potenzschwierigkeiten, keine Probleme auf sexuellem Gebiet.
Latente Aggressionen mit affektiv oder monomanisch veranlaßten Ausbrüchen.	Ungehemmte, impulsive und überschießende Aggressivität.
Asthenische (leptosome) Konstitution.	Athletische Konstitution.
Strenge Erziehung, Dominanz der Mutter, Unterwerfung unter Autorität.	Verwöhnung, broken home, mangelhafte Aufsicht, Rebellion, Bruch mit dem Elternhaus.
Guter Schüler, Lehrling.	Schlechte Leistungen in Schule und Lehre.
Beruflich erfolgreich, aber unzuverlässig.	Gelegenheitsarbeiter, ohne Beruf.
Verheiratet oder geschieden.	Ledig.
Wechselt häufig den Wohnsitz.	Ohne festen Wohnsitz.
Einzeltäter.	Mittäter.

Hereditäre und biologische Faktoren bei Soziopathie

$H = \frac{68 - 35}{100 - 35} = 0{,}51$ *Shields* and *Slater).*

Ergebnis spricht für hereditäre *und* Umwelteinflüsse, da hohe Konkordanzrate bei eineiigen *und* zweieiigen Zwillingen.

„Schwarzes Schaf" (28,4% *Dietrich*), Abhängigkeit von Alter (Jugend) und Geschlecht (männlich) sprechen gegen Heredität. *Athletische* Konstitution (60%), *EEG-Veränderungen* (Dysrhythmie) bei Soziopathie. *Pseudopsychopathie* nach Hirntraumen, Encephalitis, bei Epilepsie („epileptoider Psychopath").

Psychologische Faktoren bei Soziopathie

1. *Emotionale Ablehnung und Versagung* in der Kindheit. Broken home, besonders Unehelichkeit, Heimerziehung, Pflegekind, früher Tod der Eltern.

Glueck u. Glueck:	Jugendl. Delinquenten	Nicht-Delinquenten
Eltern sporadisch getrennt	27,2%	9,2%
Eltern getrennt oder geschieden	22,2%	12,8%
Ein oder beide Eltern tot	20,0%	13,6%

2. *Verwöhnung. „Schwarzes Schaf"* in (nach außen) ordentlichen und angesehenen Familien. Meist von der Mutter

oder Großmutter verwöhnt. *Vater* streng, respektvoll, kühl.

Sohn identifiziert sich mit der Mutter und übertreibt ihre latenten destruktiven Impulse und Ressentiments gegen den Vater und die patriarchalische Gesellschaftsordnung (Ödipuskomplex).

3. Eltern *sanktionieren* (unbewußt) die Delinquenz des Kindes. Gewissensdefekt des Kindes entspricht dem der Eltern *(Johnson)*.

Therapie bei Soziopathie

Strafe erfordert Schuldgefühle. Statt Strafhaft oder Unterbringung im Nervenkrankenhaus Schaffung geeigneter Soziopathenheime. *(Pinel* befreite einst die Geisteskranken von den Ketten.*)*

Psychoanalyse bei Soziopathen meist erfolglos (Widerstand, Pseudo-Übertragung, kein Leidensdruck).

Schmideberg: Ego- und realitätsorientierte Therapie des Soziopathen: Sozialisieren und Kontrolle stärken. Normales, soziales Verhalten demonstrieren und „lieben" lehren. Identifikation mit Therapeuten (Autorität). Nur schrittweise Fortschritte möglich. Keine orthodoxe Methode.

Alkoholismus

Der Alkoholismus ist ein an Bedeutung ständig zunehmendes medizinisches psychologisches, psychiatrisches, soziales, sozialversicherungsmedizinisches, forensisches, Berufs- und Eheproblem. 2% der Bevölkerung, meist Männer „in den besten Jahren“, sind Alkoholiker. Normalverbraucher – Alkoholsüchtiger – Chronischer Alkoholiker. Alkoholsucht gehört zu den Monomanien mit charakteristischem psychodynamischem Circulus vitiosus: Unlust → Lust (Rausch) → Unlust (Katzenjammer).

Alkohol dient zur Betäubung von Unlustgefühlen, Angst, Schuld, Schmerz, Gehemmtheit, Langeweile, Enttäuschung, Feindseligkeit. *Keine spezifische* Persönlichkeitsstruktur des Trinkers. Man unterscheidet folgende nosologische Typen:

1. Zyklothyme Trinker: Hypomaniker häufiger als Depressive

2. Neurotische Trinker: Hysteriker, Anankasten (Dipsomanie)

3. Psychopathische Trinker: Versager, Willensschwache, Haltlose

4. Soziopathische Trinker. „Alkohol, der treue Begleiter des Verbrechers“

und Formen:

1. Konflikt- und Erleichterungstrinker,
2. Gelegenheitstrinker,
3. süchtiger Trinker,
4. Gewohnheitstrinker,
5. episodischer Trinker.

Akute Intoxikationssyndrome

1. *Einfacher Rausch:* Kurzdauernde symptomatische Psychose.

   a) Erschwerte Auffassung und Konzentration, Perseveration, Logorrhoe, Bewußtseinstrübung, aber selten Amnesie.

   b) Euphorie: Glücksgefühl, Gefühl der gesteigerten Leistungsfähigkeit und Anerkennung.

   c) Sittliche Hemmungen werden ausgeschaltet („Super-Ego in Alkohol löslich"). Befreiung von Angst, Sorge, Schuld, Verantwortung. 30 – 50% der Straftaten (besonders Straßenverkehrsdelikte) werden unter Alkoholeinfluß begangen.

   d) Vegetative und cerebellare Begleiterscheinungen: Verwaschene Sprache, Konjunktivitis, gerötetes Gesicht, Koordinationsstörungen.

2. *Komplizierter Rausch,* bei Hirntraumatikern, Epilepsie.

3. *Pathologischer Rausch* (oft schon bei geringer BAK): Epileptoide Erregungszustände, delirante Dämmerzustände, Amnesie. Meist *Schutzbehauptung* bei strafbaren Handlungen.

Gerichtsmedizinische Beurteilung:

BAK (Blutalkoholkonzentration): Normal 0,0 mg%. 1,0 bis 2,0 leichte, 2,0 bis 2,5 mittlere, 2,5 bis 3,0 mg% schwere Intoxikation. Ab 3mg% *Vollrausch* im Sinne von § 51,1 StGB. 4 bis 5 mg% Koma, ab 5 mg% Exitus.

Rauschfördernd: Schnelles Trinktempo, Leberschädigung, leerer Magen. Alkohol + Medikamente (Schmerztabletten, Barbiturate, Librium, Phenothiazine): „Amerikanischer Rausch".

Strafrechtliche Beurteilung:

Die meisten Delikte unter Alkoholbeeinflussung bei BAK von 1,5 bis 2,0 mg%. § 51,2 StGB nur bei persönlichkeitsinadäquater Tat („aber in vino veritas"). Bei Vollrausch und pathologischem Rausch § 51,1 und § 330a: Vorsätzlicher oder *fahrlässiger* Vollrausch. Schwieriges forensisches Problem, ob Fahrlässigkeit durch Medikamentenwirkung (geistige Störung) ausgeschlossen ist: dann § 51,1 ohne § 330a.

Alkohol-Sucht

Alkohol dient als *Droge*, nicht als Getränk. *Exzessive* Trinker, vorwiegend Männer zwischen 25 und 45 Jahren.

Stadien der Alkoholsucht nach Jellinek (1951):

1. *Präalkoholische Phase:* Gelegentliche Trinkexzesse, um Spannungen zu beseitigen. Hohe Toleranz. Dauer 1 bis 2 Jahre.

2. *Prodromal-Phase:* Alkohol-Abhängigkeit. Morgendliches und heimliches Trinken, Verdrängen des Wortes „Alkohol", schnelles Trinken, black outs im Rauschzustand, Schuldgefühle bei Ernüchterung.

3. *Kritische Phase:* Kann nicht mehr aufhören. Öffentliches Trinken, trotz Ermahnung durch Freunde, Eltern. Alibis, Rationalisierung, Zerknirschung mit kurzen Abstinenzperioden, Vernachlässigung von Diät und Interessen; Libidoverlust.

4. *Chronische Phase:* Trinkt alles und mit jedem. Depravation, Euphorie, Gedächtnisschwäche. Intoleranz (Leber), Fötor alkoholicus, Tremor. Alkohol-Psychosen (10%). Unfähigkeit, aus eigener Kraft abstinent zu werden. Resignation.

Chronischer Alkoholismus

Nach 10 – 20 Jahren Alkoholmißbrauch Auftreten körperlicher und psychischer *Dauerschäden,* die auf Vitaminmangel (B_1, B_2, B_{12}) und Stoffwechselstörungen beruhen.

Körperliche Symptome: Toxisch gelbe oder gerötete Gesichtsfarbe, Kreislaufstörungen, *belegte* Zunge (Gastritis), *Fingertremor,* Leberschädigung, *Polyneuritis,* Hirnatrophie, Krampfanfälle.

Psychische Symptome: Versimpelung, flache Euphorie, Eheprobleme, Arbeitsscheu, sozialer Abstieg, Depravation.

Alkohol-Psychosen

1. *Delirium tremens:* 10%. Häufig Wermut- und Schnapstrinker. *Prädelir:* Angst, Reizbarkeit, nächtliche Unruhe. *Entziehungsdelir* nach Traumen, Operationen. *Optische* und taktile Halluzinationen (weiße Mäuse), Desorientiertheit, grober Tremor der Arme und Beine. Beginn: Erbrechen, epileptischer Anfall. Dauer: 3 – 5 *Tage.* Heilung mit oft erstaunlicher körperlicher und psychischer Erholung. Gelegentlich Übergang in Korsakow oder Wernicke.

2. *Alkohol-Halluzinose:* Akustische Halluzinantionen, Verfolgungswahn. Keine Desorientiertheit, kein Tremor. Dauer: Mehrere Wochen. Differentialdiagnose: Paranoide Schizophrenie, Paranoid.

3. *Eifersuchtswahn,* krankhafte Eifersucht.

4. *Korsakow-Syndrom:* Besteht aus amnestischem Symptomenkomplex, Polyneuritis und Konfabulationen. 1. Gutes Altgedächtnis, minimale Merkfähigkeit; deswegen zeitlich und örtlich desorientiert. 2. Polyneuritis: Kribbeln,

Reflexabschwächung, Pseudotabes, normaler Liquor. 3. Euphorie, Suggestibilität (liest vom leeren Blatt); Wissenslücken werden mit Konfabulationen gefüllt.

5. *Morbus Wernicke* (Polioencephalitis haemorrhagica superior): Blutungen und Nekrosen im Mittelhirn. *Symptome:* Pupillenreflexstörungen, Ophthalmoplegie, Bewußtseinstrübung, Ataxie, Rigor, Krampfanfall.

6. *Alkohol-Demenz.*

Hereditäre Faktoren

Familiäre Häufung: 25% der Brüder und Väter sind Alkoholiker *(Bleuler)*. H = 0,50 *(Kaij)*. Angeborenes, abnormes Bedürfnis nach Vitaminen, Mineralien, Enzymen bedingt bei Mangelernährung Alkoholsucht als Substitution *(Williams)*.

Soziologische Faktoren

Zunahme weiblicher und jugendlicher Alkoholiker. Verlagerung der Trunksucht aus der Öffentlichkeit in die Familie. Berufsgefährdung: Kellner, Gastwirte, Vertreter. Wohlstands-Alkoholismus. Häufigkeit des Alkoholismus abhängig von Religion (Mohammedaner sind abstinent), Trinksitten („stiller Suff", Fernsehen, Parties) und *Freizeit* (verlängertes Wochenende, berufsunfähige Frührentner).

Psychologische Faktoren

Neurotische Trinker: Oft Mischung von depressiven (abhängig), anankastischen (selbstunsicher) und hysterischen (impulsiv, kontaktfreudig) Strukturelementen. Neurotische Dynamik: Unlust (Angst, Minderwertigkeitskomplexe, Frustrationen) → monomanische Befreiung im Rausch → Katzenjammer mit Schuldgefühlen, Masochismus, Enttäuschung → Circulus vitiosus. Magischer Effekt des Alkohols fehlt bei nicht-alkoholsüchtigen Neurotikern. Schnelle Befreiung von Unlust durch Alkohol konditioniert Süchtigkeit (Reinforcement). *Frustrationsintoleranz.* Anfangs Enthemmung sexueller Antriebe, später ersetzt der Alkoholgenuß den Sexualgenuß.

Psychopathische Trinker: Infantile und passive Haltung. Egoistisch (narzißtisch), lebhaft-heiter (hypomanisch). Heiraten oft älteren Partner infolge Verwöhnungsansprüchen und Projektion der Eigenverantwortung.

In Kindheit verwöhnt → Riesenansprüche → Enttäuschung → Wut auf Eltern, Partner, Gesellschaft → Betäubung der Wut durch Alkohol → Selbstzerstörung → erneute Riesenansprüche → Enttäuschung → Wut → Circulus vitiosus. Statt Verwöhnung in Kindheit auch Ablehnung und broken home.

Erstes exzessives Trinken meist in der Adoleszenz (Militärdienst).

Therapie

1. *Akute Intoxikation:* Benzedrine (Pervitin) verhindern Katzenjammer, Vorsicht Sucht! Ausnüchtern, evtl. Kreislaufmittel und Magenspülung.

2. *Sucht:* Resignation und Passivität durch „Kreuzzug“ für Temperenz und Abstinenz bekämpfen.

   A. A. *(Anonyme Alkoholiker):* Gruppentherapie, Identifikation und Mission in 12 Stufen. Stärkung der Ich-Kräfte durch Unterstützung, Aufklärung, Geborgenheit, Nachahmung.

   Entziehungskur 3 bis 6 Monate, Entmündigung nach § 6,3 BGB wird selten beantragt.

   Antabus: Tetraäthylthiuram-Sulfid + Alkohol = Azetaldehyd + Hitze, Dyspnoe, Tachycardie, Nausea. Tägliche Medikation *mit* Einverständnis des Patienten und ärztlicher Überwachung. Zahlreiche *Kontraindikationen:* Leberleiden, Diabetes, Herzinfarkt, Nephritis, Schwangerschaft, Epilepsie, Asthma, Tablettenabusus. *Antidot:* Coramin, Sauerstoff.

3. *Alkohol-Psychosen:* Vitamin B_{12} und B_1, Cortison, Kreislaufmittel, *Distraneurin-Infusionen.* Mortalität des Delirs erheblich gesunken (1 – 3%).

Drogenabhängigkeit (Medikamentenabhängigkeit)

Definition

1. Abhängig ist der Mensch, der nur mit der Droge er selbst ist.

2. Zwanghafte, übermächtige Einnahme von Drogen und Medikamenten, die für die körperlichen, psychischen und sozialen Funktionen des Benutzers schädlich sind und zu psychischer und physischer Abhängigkeit führen. Suchtdrogen bewirken *Toleranz* (Steigerung der Dosis) und *Entziehungserscheinungen.*

Unterformen

1. Narkotika: *Morphium, Heroin,* Codein, Dilaudid, Pantopon und andere Alkaloide. Synthetische Äquivalente: Dolantin, Jetrium, Polamidon, Preludin. Häufig bei Krankenschwestern, Apothekern, Ärzten. Krankheiten und Schmerzen sind nur in 5% Anlaß zur Opiatsucht. *Fixer* „schiessen" Opiate i. v. → flash und feeling (Rasche Omnipotenz-Orgasmus-Gefühle).

Wirkung: Euphorie, Derealisations- und Traumgefühl. Nasenjucken, Miosis, Obstipation, Appetitverlust. Euphorisierende Wirkung hält 4 – 5 Stunden an.

Selten bleiben körperliche und geistige Schädigungen im Gegensatz zu Alkohol- und Barbituratsucht, aber schnelle Abhängigkeit, Hepatitis, Vergehen gegen Betäubungsmittelgesetze, Vernachlässigung beruflicher und sozialer Pflichten, Konzentration auf Drogenkonsum.

Entziehungserscheinungen: Angst, Schwitzen, Nausea, Unruhe, Wadenkrämpfe, Tremor, Appetitlosigkeit, Durchfall, Schlaflosigkeit. Dauer 2 – 10 Tage nach Entzug der Droge.

2. Hypnotika, Analgetika: Brom, Barbiturate und Phenazetine, selten Tranquilizer, Distraneurin und Neuroleptica. Lange Zeit unerkannte Sucht. 2 – 3 Schlaftabletten täglich genügen zur Gewöhnung. Kein Rezeptzwang. Suicidmittel. Hohe Toleranz, 20–40 Tabletten täglich. Bevorzugt von *Frauen* mit Eheschwierigkeiten, von Prostituierten und im Klimakterium.

Wirkung wie bei chronischem Alkoholismus: Ataxie, verwaschene Sprache, blasse Gesichtsfarbe, Tremor, Nystagmus. Benommenheit, Euphorie, Demenz. Typische EEG-Veränderungen.

Schwere Entziehungserscheinungen: Tremor, epileptischer Anfall, Delir.

3. Stimulantien (Amphetamine u. a.): Pervitin, AN 1, MAO-Blocker; Meprobramat (Dumping). (Coffein, Nikotin).

   Von Hippies, Studenten, *Psychasthenikern*, Dysthymen bevorzugt. Abmagerungsmittel, Asthmamittel.

   Wirkung: Steigert die geistige und körperliche Beweglichkeit und sexuelle Appetenz. Nebenwirkung: Anorexie, Schlaflosigkeit, Mydriasis, Hypertonie, Tremor. Häufig Kombination mit Barbituraten wegen Schlaflosigkeit. *Pervitinpsychose:* Angst, Verfolgungsideen, Halluzinationen. Keine Entziehungserscheinungen, ausser Abgeschlagenheit und Depression.

4. Halluzinantien: Haschisch, Marihuana, Meskalin, LSD. Von Jugendlichen, Gammlern, Hippies als Einstiegsdrogen benützt.

   Wirkung: Lachen, Intensivierung der Wahrnehmung, Euphorie, *Illusionen*, Horror-trip, Verbrüderungserlebnisse. Bei chronischem Abusus: Interesselosigkeit, Verwahrlosung, Passivität (amotivational syndrom). Flash back bei LSD.

Atiologie

Keine Heredität. Cave *iatrogene* Auslösung bei Schlaflosigkeit und Schmerzen! Rauschgiftsüchtige sind zu

88,1% Soziopathen und Psychopathen, 6,3% Neurotiker, 5,6% Schizophrene.

Psychologische Faktoren wie bei Alkoholismus: Abwehrmittel gegen Angst, Unlustgefühle, Minderwertigkeitskomplexe. Passive, narzißtische Persönlichkeiten mit Frustrationsintoleranz und Verwöhnung in der Kindheit. Differente Persönlichkeitsstruktur bei Schlafmittel-Süchtigen (hysterisch, aggressiv) und Stimulanzsüchtigen (depressiv, gehemmt, anankastisch). Süchtige können und wollen nicht leiden (Monomanie).

Therapie

1. Klinische *Entgiftung* mit langsamer Verminderung der Dosis oder Ersatz der Droge durch Neuroleptica.

2. Symptomatische Behandlung der Entziehungserscheinungen und körperlichen Auswirkungen der Sucht mit Vitaminen, Antiepileptika, Distraneurin.

3. *Entwöhnung* und Aufbau eines drogenfreien Lebens. Dauer 1/2 Jahr und länger.

Psychotherapie bei *neurotisch* Süchtigen erfolgreich; Ärzte haben meist gute Prognose, andernfalls Entziehung der Bestallung. Urin-Kontrolle durch das Gesundheitsamt (Süchtigen-Kartei). Schlechte Prognose bei Jugendlichen ohne Beruf, Familienbindung und bei Verwahrlosung.

Sexuelle Funktionsstörungen und Perversionen (Sexualverbrechen)

Sexuelle Funktionsstörungen

Hyposexualität bei allen Neurosen und Psychosen (ausser Manie), graduell von Schüchternheit bis Impotenz und Frigidität. Direktes Symptom der Triebabwehr. Geschlechtsverkehr bedeutet (unbewußt) Gefahr, Kastration. Für impotenten Mann (Ödipuskomplex) ist keine Partnerin so gut wie die Mutter oder jede Partnerin die Mutter (Inzestangst). Feminine Identifikation bei schweren Störungen (Ejaculatio praecox).

Frigidität: Erzogene Assoziation von Sexualität und Gefahr („alle Männer sind Schweine"). Analytisch: 1. Unbewusster Vergleich des Partners mit Vater, 2. maskuline Identifikation (Penisneid), 3. Angst vor Erregung und Kontrollverlust. *Vaginismus:* Reaktionsbildung, bzw. Konversionssymptom.

Hypersexualität (Satyriasis, Nymphomanie): Reaktionsbildung gegen sexuelle Hemmungen; keine sexuellen sondern narzisstische Bedürfnisse. Pseudohypersexualität bei Minderwertigkeitskomplexen. *Zwang, Sucht* (Gier); oft nur exzessive Onanie.

Verhaltenstherapie, übendes Verfahren für Paare nach *Masters* und *Johnson,* Psychoanalyse.

Perversionen

Definition

Perversionen (Paraphilien) sind *psychosexuelle Entwicklungsstörungen.* Normale Sexualität entwickelt sich aus infantilen (oralen, analen, autoerotischen, homoerotischen, exhibitionistischen, sadistisch-masochistischen) Partialtrieben zur reifen, *genitalen Heterosexualität, die frei von Angst und Schuldgefühlen ist.* Perverse sind fixiert auf *prägenitale* Lustbefriedigungen, die dem genitalen, heterosexuellen Verkehr *bewußt* vorgezogen werden.

Früher gehörten Perverse wie Soziopathen, Süchtige, Alkoholiker zur *Psychopathie* (Sexualpsychopath), da eine erhebliche Abweichung im Sexualverhalten oft auch im außersexuellen Bereich mit Fehlhaltungen wie Alkoholismus, Versagen, Soziopathie kombiniert ist. Heute unterscheiden wir:

1. Soziopathische Perverse wie Herausforderer, Notzüchter, Lustmörder, Strichjunge, Zuhälter, Sadist, Inzestverbrecher. Meist hetero- und hypersexuelle, promiske Täter.

2. Neurotische Perverse (Monomaniker): Anankastisch-hysterische Persönlichkeiten. Sexuell eher gehemmt, aber mit häufig rezidivierenden Sexualvergehen wie Exhibitionismus, Fetischismus, Voyeurismus, Homosexualität, Masochismus, Pädophilie, Hebephilie.

3. Psychoorganische Perverse: Bei Schwachsinn, Demenz, chronischem Alkoholismus, Cerebralsklerose, encephalitischen Drangzuständen, Hirntraumen. Neigen zu Pädophilie, Exhibitionismus, Voyeurismus, Pornographie, Koprophilie.

4. Psychotische Perverse: Im Rahmen von Manie (Hypomanie), Schizophrenie.

5. Psychisch und sozial unauffällige Perverse: Neigungshomosexualität.

Unterformen

1. Exhibitionismus:

§§ 183, 176,3 StGB. Entblößung des Genitales vor Frauen oder Kindern in der Öffentlichkeit. Ein Drittel aller Sexualdelikte.

Häufig ängstlich-gehemmte Persönlichkeit. Alle Sozialschichten, ledige und verheiratete Männer. Psychosexueller Infantilismus. Echte Liebesobjekt-Beziehung wird nicht erstrebt. Oft Eheschwierigkeiten bei Spätheirat, Muttertyp, dominanter Ehefrau.

Schema des Tatablaufs: Vor der Tat unruhig, gespannt; Schwitzen, Herzklopfen, Kopfweh. Sexuelles Zwangsgrübeln → Tatvorbereitung: Kurze Hose, Fahrrad, Aufsuchen bekannter Plätze, wo Kinder spielen oder Frauen allein gehen → Aushängen des erregten oder nicht erregten Gliedes. Zuweilen obszöne Worte oder Gesten. *Freude am Erschrecken* des Opfers. Gelegentlich Masturbation am Tatort → Flucht → am nächsten Tag Scham, Reue, Zerknirschung. Vorsatz, es nicht wieder zu tun → aber erheblicher Rezidivismus.

2. Voyeurismus (Skoptophilie):

Sexuelle Befriedigung durch Betrachtung von pornographischen Produktionen, nackten Frauen, Geschlechtsverkehr. Männer optisch stärker erregbar als Frauen.

Häufig scheue, anankastische Persönlichkeit; belauscht Liebespaare im Auto, Park, Schlafzimmer; dabei Masturbation.

3. Pädophilie, Hebephilie:

§ 176,3 StGB: Unzucht mit Kindern (unter 14 Jahren).
§ 174 StGB: Unzucht mit Abhängigen (unter 21 Jahren).
§ 182 StGB: Verführung unbescholtenen Mädchens (unter 16 Jahren) zum Geschlechtsverkehr. Jegliche sexuelle Aktivität mit *Kindern* ist ein Verbrechen. Heterosexuelle und homosexuelle Pädophilie und Hebephilie. Opfer meist zwischen 7 – 10 oder 12 – 14 Jahren.

Jugendlicher Pädophiler: Psychosexuell unreif. Meist noch kein GV. Schüchtern.

Erwachsener Pädophiler (30 – 40): Ehe- und Berufsschwierigkeiten. Häufig Rauschtat.

Alter Pädophiler (über 60): Einsam, impotent. Meist psychoorganisch abgebaut (Luft-Encephalogramm).

Weibliche Opfer: Oft verführerisch, sexualneugierig, liebebedürftig und kooperativ.

Homosexueller Pädophiler: Im Gegensatz zum heterosexuellen Pädophilen oft aggressiv, hypersexuell, soziopathisch.

Hebephile Täter: Lehrer, Lehrmeister, Bürochef (Johannistrieb). Oft schwärmerische Phantasten. Hebephiler Inzest.

4. Inzest (Blutschande):

§ 173 StGB: GV zwischen Verwandten auf- und absteigender Linie und zwischen Geschwistern. Durchschnittsalter: 47,9 Jahre. Isolationsinzest. Inzest-Tabu stärker als Ödipuskomplex.

Inzest-Milieu: Enge Wohnverhältnisse, ältere oder kranke Ehefrau. Täter: Trinker, kriminell, arbeitsscheu.

a) Promisker Inzest: Mit verwandten *und* nichtverwandten Opfern.

b) Intrafamiliärer Inzest: Tochter oder Stieftochter (Abhängigkeit, Eifersucht).

c) Pädophiler Inzest: Töchter meist schon vor der Pubertät Inzestopfer. Langdauerndes, oft unentdecktes Verhältnis. In der Adoleszenz rebellieren die Töchter mit Erpressung, Poriomanie, Promiskuität. Ehefrauen scheuen Strafanzeige aus ökonomischen Gründen (starke Dunkelziffer).

5. Sadismus:

Idealisierung von Gewalt. Identifikation mit dem Aggressor. Personen mit frustrierten narzisstischen Bedürfnissen neigen zu starken sadistischen Reaktionen.

a) *Herausforderer:* § 176,1 StGB: Unzüchtige Handlungen an einer Frau unter Gewaltanwendung. Kurzer Angriff, Berührung von Brust und Genitale, dann Flucht. Frotteur. Meist jugendliche Täter, Frauenschreck, „Handtaschenräuber". Reifungskrise oder jugendlicher Soziopath.

b) *Notzucht:* § 177 StGB, Notzuchtmörder: § 178 StGB. *Gewaltsamer* Geschlechtsverkehr. Drohen mit Gewalt. *Würgen.* Reiz des Widerstandes. Erregung erst beim Würgen, Würgegriff (Urinstinkt) löst sich bei Ejakulation. Manchmal schwierige Beurteilung des Tatbestandes: Einverständnis des Opfers? Jugendliche Rohlinge oder Soziopathen. Banden-Notzucht. Niedrige sexuelle Frustrationsschwelle, Rauschtat.

c) *Lustmord:* § 211 StGB. Zweck ist Quälen und Töten, *Blutsehen,* Willenlosigkeit des Opfers, absolute Unterwerfung, Mißhandlungen auch nach dem Tod. Sadistische Phantasie. GV nicht wichtig; auch Kinder, Tiere,

Leichen (Nekrophilie). Lustmörder: Kürten, Christie, Bartsch. Lustmörder sind (paradoxerweise) oft neurotischer als Notzüchter (Mordmonomanie, Orestes-Komplex, Dirnenmörder).

6. Masochismus:

Nicht Omnipotenz-Gefühle (Sadismus), sondern leiden verschafft Sexualgenuss.

Sexuelle Befriedigung durch Erleiden physischer und *psychischer* Schmerzen. Prototyp der *Sexualneurose.* Apparatur (Peitschen, Fesseln) vor Sexualpartner. Meist schwacher Mann mit erschwerter Ejakulation. Sado-Masochismus bei Züchtigung von Schülern. *Prägungserlebnis* durch Schläge auf den nackten Hintern. Masochismus in Form sexueller Selbstverstümmelung.

7. Fetischismus:

Binet: Symbolische Perversion. Pars pro toto. *Körperteil-Fetische:* Fuß, Haare, Gesäß, Brüste. *Wäsche-Fetische:* Reizwäsche, Strümpfe, Schuhe, Pelze.

Meist *Prägungserlebnis* in früher Kindheit. Normaler Fetischismus in Phantasie und beim sexuellen Vorspiel. *Pathologischer* Fetischismus: Sammelsucht, Masturbation mit Fetisch, Diebstahl von der Wäscheleine (Kleptomanie aus sexuellem Ursprung).

8. Transvestitismus:

Sexuelle Befriedigung durch Tragen von *Wäsche und Kleidern* des anderen Geschlechts. Männlicher und weiblicher Transvestitismus.

a) *Kleiderfetischisten:* Verkleidungssucht bei homosexuellen und heterosexuellen Kleiderfetischisten.

b) *Homosexuelle Transvestiten:* Zur Deutlichmachung der passiven Sexualwünsche und Sexualrolle. Ideal ist phallische Frau. Show-Geschäft, Prostitution. Gewerbsmäßige Unzucht zwischen Männern ist strafbar.

c) *Transsexualisten:* Völlige Identifizierung mit dem anderen Geschlecht seit Kindheit. Wunsch nach standesamtlicher Änderung des Geschlechtsnamens, nach *operativer* Entfernung oder Umwandlung der Geschlechtsorgane.

9. Homosexualität:

4% der männlichen, 2% der weiblichen Population. 40% der Junggesellen um 40.

Dynamik (Fenichel):

a) Angst vor Frau ohne Penis (Kastrationsangst): Fühlt sich von Frauen sexuell bedroht; Ekel-, Haßgefühle.

b) Ödipale Liebe zur Mutter → *Mutter-Identifikation.* →

1. Der mehr narzisstische als feminine Homosexuelle wählt junge Männer als Liebesobjekt und behandelt sie wie er selbst von Mutter behandelt wurde (aktive Homosexualität, auch Pädophilie, Hebephilie, Eifersucht); 2. der mehr feminine Homosexuelle liebt wie die Mutter den Vater als Liebesobjekt in passiv-rezeptiver (analer) Art (vgl. Lehrlingsliebe, negativer Ödipus-Komplex, femininer heterosexueller Mann, Altruist).

c) *Prägungserlebnis:* Verführung durch älteren Mann, selten einzige Ursache von Homosexualität.

Homosexuelle Variationen:

Aktive / passive Sexualrolle. Entwicklungs-Hemmungs-Neigungshomosexualität *(Bräutigam).*

Altersspezifität der Partner: Kinder, Jugendliche, Gleichaltrige, alte Partner. Bevorzugtes Alter 18 – 24 Jahre. Meist nur am Penis, nicht an der Persönlichkeit interessiert (Penisfetischist).

Maskuline Homosexuelle (85%) äußerlich nicht erkennbar. „*Tunten*“ fallen durch feminines Gebaren auf.

Soziales Verhalten: Ewig auf der Suche nach einem Partner (Monomanie). Pissoir, Club, Bar, Badeanstalt als Treffpunkt. Selten Dauerbeziehung. Verheiratete Homosexuelle (bisexuell). Im Alter: Einsamkeit, Depression, Suicid, Alkoholismus. Bevorzugte Berufe: Mode, Tänzer, Friseure, Krankenpfleger.

Lesbierin oft durch Cunnilingus und mutuelle Onanie geprägt. Bisexuell oder vom Mann enttäuscht. *Maskuline* Frau. Angst, Frau zu sein. Weibliche Homosexualität straffrei.

10. Sodomie (Zoophilie):

§ 175b StGB. Zuneigung zu Tieren: „Frau und Hündchen".

Zoosadismus: Landstreicher, Knechte, Debile. Meist Ersatzbefriedigung.

Hereditäre und biologische Faktoren

Keine spezifische Heredität, aber familiäre Belastung mit Neurosen und Psychopathie. Bei *Homosexualität* wird Erbfaktor behauptet *(Hirschfeld, Ellis). Kallmann:* 100% Konkordanz bei eineiigen Zwillingen.

Chromosomen-Untersuchungen: Normales xy-Chromosom bei homosexuellen Männern, normales xx-Chromosom bei homosexuellen Frauen. Chromosomale Aberrationen, wie *Turner* (x), *Klinefelter* (xxx) nicht homosexuell, sondern hypo- oder hypersexuell. *Hormonale* Funktionsstörungen (Östrogen, Androgen) sind bei Perversionen nicht nachgewiesen worden.

Psychologische Ursachen

Freud: Infantile statt erwachsene Sexualität. Beim Erwachsenen treten Reste der infantilen Partialtriebe im sexuellen Vorspiel auf. Bei Perversen *Fixierung oder Regression* auf Partialtrieb, aber *bewußt, organisiert, mit Orgasmus. Abwehr der* unbewußten *Kastrationsangst* als Universalinterpretation *Freuds* vom Perversion *und* Neurose! Hier wie dort verhindert die Kastrationsangst (Ödipuskomplex) das genitale Primat. Neurose ist das *Negativ* der Perversion, nicht die Neurose.

Nicht-analytische psychologische Ursachen der Perversionen:

1. Langanhaltende, erzwungene sexuelle *Abstinenz.* Onanie und Homosexualität im Gefängnis, Internat, Militär.

2. *Isolierung* in der Kindheit von anderen Kindern und fehlende Sexualaufklärung bei späterer Onanie, Pädophilie, Exhibitionismus, Promiskuität.

3. Spezifische *Prägungserlebnisse* in Kindheit und Pubertät bei Fetischismus, Masochismus, Homosexualität, Exhibitionismus.

4. Mangelhafte oder falsche *Geschlechts-Identifikation* durch:

   a) körperlich-konstitutionelle Varianten: Maskulinität bei Mädchen, Feminität bei Jungen, Leistenhoden.

   b) Erziehungseinflüsse der Eltern im gegengeschlechtlichen Sinn: Mutter → Sohn, Vater → Tochter.

c) Abwesenheit oder Ungeeignetheit eines gleichgeschlechtlichen Identifikationsmodells.

5. Abneigung gegen Ehe, soziale Verantwortlichkeit und Anpassung.

Therapie

Kein Therapiewunsch (Leidensdruck), außer bei sozialen und strafrechtlichen Komplikationen. Psychoanalyse zur Beseitigung neurotischer Begleitsymptome *(Freud)*. Adaptationstherapie *(Hirschfeld)*. Gruppentherapie für Sexualverbrecher in Gefängnissen. Vor Sicherungsverwahrung der sozial gefährlichen perversen Straftäter (Pädophile, Notzüchter, Lustmörder) bewahrt nur *freiwillige* medikamentöse (Cyproteronazetat) oder chirurgische *Kastration (Langelüddeke)*.

Schwachsinn (Oligophrenie)

Definition

1. Intellektuelle und psychische soziale Unzulänglichkeit seit Geburt oder früher Kindheit.

2. Entwicklungshemmung, bei der Verstandesmängel vorherrschen (mental retardation).

Exogener Schwachsinn vorwiegend mit *schweren* Formen (Idiotie, Imbezillität), genuiner Schwachsinn vorwiegend mit *leichten* Formen (Debilität, Minderbegabung) verbunden.

Intelligenzgrad wird durch IQ gemessen. IQ-Verteilung in Form einer steilen Gaußschen Kurve mit Scheitelpunkt bei 100. 50% der Bevölkerung haben einen IQ unter, 50% über 100. 5% der Bevölkerung sind schwachsinnig.

Schweregrade

1. *Idiotie:* IQ 1 – 19, entspricht einem 2jährigen Kind. 0,25% der Bevölkerung. Torpide und erethische Form. Idiot bleibt völlig hilflos und bildungsunfähig, kann nicht sprechen (Lall-Laute).

2. *Imbezillität:* IQ 20 – 49, entspricht einem 3jährigen Kind. 0,5% der Bevölkerung. Imbezille bleiben abhängig, erfordern Aufsicht, lernen sprechen; Verzögerung der Sprachentwicklung. Idioten und Imbezille sind äußerlich erkennbar an Kleinwuchs, Mongolismus, Schädelmißbildung.

   Unterformen: Mongolismus, cerebrale Kinderlähmung, Mikrocephalie, Kretinismus, Phenylketonurie, amaurotische Idiotie.

3. *Debilität:* IQ 50 – 69, entspricht 8 – 12jährigem Kind. 3 – 4% der Bevölkerung. Äußerlich nicht erkennbar. Intelligenzschwäche wird oft erst in Schulzeit bemerkt, vorwiegend beim Rechnen. Oft Legasthenie, gutes Gedächtnis. Später Berufsuntüchtigkeit, vorzeitiges Versagen.

4. Beschränktheit, Minderbegabung und Dummheit: *Psychopathische* Spielarten (Versager).

Psychische Symptome der Debilität und Beschränktheit

Verzögerte Entwicklung in der Kindheit: Laufen, Sprechen, Sauberkeitsgewöhnung, manuelle Geschicklichkeit; „Spätentwickler“. Angst, Minderwertigkeitskomplexe, Abhängigkeit von den Eltern, Isolierung von Geschwistern, Schulkameraden, Spielgefährten. Eltern schwachsinniger Kinder ignorieren oft den Schwachsinn (Überforderung, Ablehnung). Starke Abwehrmechanismen: Verdrängung, *Verleugnung,* Reaktionsbildung *(Pseudointelligenz).*

Differentialdiagnose

Pseudoschwachsinn beruht auf psychologischen und soziokulturellen Faktoren: Angst, Hemmung, Vernachlässigung, broken home. *Schizophrener Defekt.* Minderbegabung bei zahlreichen *Soziopathen* und *Psychopathen* (Brandstifter, Vagabunden, Inzesttäter, Sodomisten, Hochstapler, Prostituierte). *Demenz* ist Folge *später* erworbener Intelligenzschäden. *Frühkindliche Hirnschädigung:* Schielen, Anfälle, Spastik, Bewegungsstörungen und Debilität.

Hereditäre Ursachen

Heredität wichtigste Ursache der *Debilität.*

Polygener Erbgang. Dafür spricht Abnahme des Schwachsinns in der Verwandtschaft 2. und 3. Grades. Eltern von leicht Schwachsinnigen sind schwachsinniger als Eltern von schwer Schwachsinnigen. Einfacher Mendel-Erbgang bei tuberöser Sklerose, amaurotischer Idiotie, Hypertelorismus. Zwillingsstudien: H = 0,81 *(Rosanoff),* H = 0,93 *(Juda).*

Chromosomale Anomalien bei *Turner, Klinefelter, Mongolismus* (Langdon-Down-Syndrom, Trisomie 21).

Exogene prae-, peri-, postnatal erworbene Oligophrenie

Strahlenschädigung, Medikamente, Infektionen wie Röteln,

Lues connata, Toxoplasmose. – Anoxie, Frühgeburt, Spätgeburt. – Vitaminmangel, Hormonmangel, Ernährungsstörungen, Krampfanfälle, cerebrale Kinderlähmung.

Soziokulturelle Faktoren

Durchschnittsintelligenz entspricht *sozioökonomischem* Niveau; hohe Prestige-Berufe erfordern hohen IQ. Milieu und *Partnerwahl* wichtige Faktoren für Intelligenzniveau der Kinder. Geographische (ökologische) Faktoren: Stadt / Land, abgelegene Landstriche.

Therapie

Spezifische Therapie bei Hydrocephalus, Phenylketonurie, Kretinismus, Epilepsie. Hormone, Vitamine, Glutaminsäure zwecklos. Heilpädagogische Massnahmen: „Lebenshilfe". Sonderschule. Anstaltsunterbringung erethischer Idioten und Imbeziller, beschützende Werkstätten.

Prophylaxe: Freiwillige Sterilisation, Schwangerenfürsorge, Jugendfürsorge (Beaufsichtigung sozial auffälliger Familien).

Psychische Störungen auf organischer Grundlage

Definition

Psychoorganische Störungen sind Funktions- und Verhaltensstörungen auf Grund *organischer* Veränderungen des Gehirns.

Organische Hirnstörungen beruhen auf degenerativen, vaskulären, entzündlichen, toxischen, traumatischen, tumorösen Prozessen.

Man unterscheidet:

Reversible organische Psychosyndrome oder Durchgangssyndrome *(Wieck):*

1. *Bewusstseinsstörungen:* Somnolenz, Sopor, Coma.

2. *Organische Wesensänderung:* Nicht Intelligenz sondern Affekt und Antrieb betroffen (Reizbarkeit, Euphorie, Enthemmung, Antriebsverarmung; von Involutionsdepression, Rentenneurose, schizophrenem Defekt schwer zu unterscheiden (Luftencephalogramm, EEG).

3. *Symptomatische Psychose,* auch organische Psychose, exogene Psychose, Funktionspsychose, körperlich begründbare Psychose genannt: Verlangsamung, Antriebs-

minderung, Orientierungsstörungen, Gedächtnisstörungen, Wahrnehmungsstörungen, Bewusstseinsstörungen. Typen sind Delir, Dämmerzustand, Amentia (Verwirrtheit), Halluzinose, amnestische (Korsakow) Psychose mit Desorientiertheit, Merkschwäche, Konfabulationen. Nach Ablauf der Psychose Amnesie.

Irreversible organische Psychosyndrome:

4. *Demenz:* Kortikaler Ganglienzellschwund mit Intelligenzdefekt *(Hawie-*Test*)*, Urteilsschwäche, Gedächtnismängel bei oft gut erhaltener Fassade.

5. *Charakterzuspitzung:* Organische Wesensänderung bei Psychopathen.

Degenerative Hirnprozesse

1. *Senile Demenz:* Über 70 Jahre. *Greisenhabitus* (Augen, Haltung, Gang). *Psychische Schwäche* ausgeprägter als bei normalem Altern. Abnahme von Gedächtnis, Merkfähigkeit, Tatkraft. Affektinkontinenz, Erstarrung der Gedankengänge, störrische Unlenksamkeit, Geiz, Depression. *Presbyophrenie:* Hochgradige Merkstörung bei guter Fassade (Korsakow-Syndrom nicht-alkoholischer Genese).

2. *Morbus Alzheimer:* Präsenile Demenz (40 bis 60 Jahre). Langsamer oder apoplektiformer Beginn. Patienten sind gemütlich ansprechbar, heiter bis euphorisch. *Sprach-*

störungen (Aphasie, Logoklonie) oder verwaschene Herderscheinungen. Versagen im Beruf und bei experimenteller Leistungsprüfung. *Diffuse* kortikale Hirnatrophie *(Luft-Encephalogramm).* Zunehmende *Verblödung,* keine wirksame Therapie.

3. *Morbus Pick:* Präsenile Demenz. Ganglienzellschwund im *Stirn-* und *Schläfenhirn.* Paralyseähnliche Symptome, meist stumpf und mürrisch, im Gegensatz zu Alzheimer. Urteilsschwäche, keine Krankheitseinsicht. *Stehende Redewendungen* wie „immer reell und gut“ (Spieldosenphänomen). Dominant-erblich. Keine Therapie.

4. *Cerebralsklerose:* Hypertonie bei 50%. Neurasthenisches Vorstadium: Kopfschmerz, Schwindel, Ohrensausen, Schlaflosigkeit, Merkschwäche.

   In 17% gröbere *seelische* Störungen: Erschwerung der Auffassung, Herabsetzung der Merkfähigkeit, Abwehr gegen Neues, Wehleidigkeit, Neigung zu Zwangsweinen, Zuspitzung früherer Wesenszüge. *Nächtliche Verwirrtheitszustände.* Bei Involutionsdepressionen täuschen Voralterung und Denkverlangsamung oft eine Hirnatrophie vor!

Zerebrale Infektionen

Akute Encephalitis oft wie Amentia, Verwirrtheitspsychose oder Katatonie. Bei ungeklärten akuten Psychosen an Hirnentzündung denken und lumbalpunktieren! Residualzustände nach Encephalitis und Meningitis bestehen in Wesensänderung, Anfällen.

Progressive Paralyse selten geworden. Schnell fortschreitende Verblödung. Achsen- und Randsymptome. 5 bis 15% der Syphilitiker werden paralytisch. Maximum bei 40 bis 50 Jahren, 5 bis 20 Jahre nach Ansteckung.

Einfach demente Form: Paralytische Schwäche auf intellektuellem und affektivem Gebiet: Urteilsschwäche, Abstumpfung, moralische Entgleisungen. Klassische Form mit *Größenideen. Lissauersche* Paralyse: Epileptische Anfälle, Hemiplegie. *Juvenile Paralyse* bei Lues connata.

Neurologische Symptome: Silbenstolpern, mimische Schwäche. Taboparalyse. *Liquor:* Wa. R.++++ (Gartenzaun). Eiweiß- und Zellvermehrung, Paralysekurve der Normo-Mastix-Reaktion. *Malariatherapie (Wagner* – von *Jauregg,* 1919*)*, Penicillin (1943). Defektheilung (Demenz, Wesensänderung) bei nicht *rechtzeitiger* Therapie.

Schädel-Hirntraumen

1. *Schädelprellung,* nervenärztlich unbedeutend, aber Gefahr des subduralen Hämatoms bei älteren Menschen (Bewusstseinstrübung).

2. *Schädelfrakturen* → epi- und subdurale Hämatome, offene Fraktur (Schlag, Stich, Schuss) → Hirnverletzung.

Jackson-Anfälle und Paresen. Fronto-basale und Felsenbeinfrakturen → Liquorfistel.

3. *Commotio cerebri:* Initiale Bewusstlosigkeit bis 1 Stunde, Erbrechen. *Differentialdiagnose:* Alkoholrausch, Unfallschock, Benommenheit. Schnelle Rekonvaleszenz nach Wiedererlangung des Bewusstseins. Kurze stationäre Beobachtung zum Ausschluß von Komplikationen (Compressio cerebri).

   Postcommotionelles Syndrom: Kopfdruck, Schwindel, Vergesslichkeit, Apathie, Reizbarkeit. Bei älteren Menschen und entschädigungspflichtigen Unfällen verstärkt und anhaltender. Arbeitsfähigkeit nach 4 bis 8 Wochen. MdE gestaffelt, höchstens bis 1 – 2 Jahre, dann Commotio (ex definitione) geheilt. Ausnahme: Punch-drunk-Syndrom der *Boxer.*

4. *Contusio cerebri:* Längere Bewußtlosigkeit (1 Stunde bis 3 Tage) oder Kontusionspsychose oder Herdsymptome. Meist *ohne* klinisch lokalisierbare Hirnläsion. Hirnnervenausfälle (Anosmie, Augenmuskellähmungen) meist durch *Basisfraktur* bedingt.

   Contusionsfolgen: Wichtig in Sozialversicherungsmedizin! Bleibende neurologische Ausfälle und traumatische Epilepsie selten. Traumatisches organisches Psychosyndrom und Unfallneurose häufig, schwer zu unterscheiden:

   Unfallneurose: Patient klagsam, mürrisch-mißtrauisch, Ausdrucksüberspannung. Neurotische Primärstruktur.

Konversionssymptome. Neigung zu Leidensverschlimmerung und zu neurotischen Entwicklungen (Querulanz, Trunksucht, vorzeitiger Versagenszustand).

Traumatisches Psychosyndrom: Keine massiven Beschwerden, eher *Euphorie.* Apathie, Urteilsschwäche, Merkschwäche, soziale Isolierung. *EEG-Veränderungen. Luft-Encephalogramm:* Leichte bis mittlere cortikale Hirnatrophie, Seitendifferenz der Ventrikel, Erweiterung des 3. Ventrikels.

5. *Compressio cerebri:* Hämatom (epi-, subdural, intrazerebral), Hirnödem, Fremdkörper. Transport in Neurochirurgische Klinik.

Epilepsie

Symptomatische Epilepsie bei cerebralen Mißbildungen, frühkindlichen Infektionen (Residual-Epilepsie), Kopftrauma, Hirntumor, Intoxikationen (Eklampsie, *Alkohol,* Blei), Cerebralsklerose (Spätepilepsie), Hypoglykämie, Pharmaka.

Zur Ätiologie werden EEG, Echoencephalographie, Hirnszintigraphie (ambulant), Angiographie, Luftencephalographie und internistische Untersuchung herangezogen.

Anfallsarten:

1. *Grand mal:* Aura, Hinstürzen, tonisch-klonischer Krampf, Zyanose, Zungenbiss, Einnässen, Bewusstlosigkeit. Dauer

3 – 4 Minuten. Postparoxysmaler Schlaf- oder Dämmerzustand. Schlaf- und Aufwach-Anfälle.

2. *Absence:* Bewusstseinspause von 5 – 20 Sekunden, Amnesie, Schulalter.

3. *Petit mal:* Blitz-Nick-Salaam-Krämpfe, myoklonisch-astatische petits maux, Pyknolepsie. Vorschulalter bis 18. Lebensjahr.

4. *Jackson-Anfälle* (sensibel und motorisch).

5. *Schläfenlappenanfälle:* Motorische Automatismen (Schmatz-, Kau-, Wisch-, Strampel-, Nestelbewegungen. Kurze Bewußtseinsstörung, vegetative Symptome.

6. *Narkolepsie:* Imperatives Einschlafen, affektiver Tonusverlust (bei Schreck, Witz, Zorn, Orgasmus). Traumepisoden.

7. *Status* epilepticus, Petit-mal-Status.

Äquivalente: Verstimmung (Epileptoid), Dämmerattacke (Benommenheit), *Dämmerzustand* mit Desorientiertheit, Wahn, Erregtheit, Amnesie; Dauer bis zu 14 Tagen. Epilepsie-Psychose mit Wahn, Halluzinose.

Poriomanie, Dipsomanie, Pyromanie sind in der Regel neurotische Monomanien.

Epileptische Wesensänderung: Klebrigkeit, Selbstgerechtigkeit, Umständlichkeit, Verlangsamung, Kalligraphie, Bigotterie („Das Gebetbuch in der Tasche, den lieben Gott auf der Zunge und den Ausbund von Canaillerie im Leibe“, *Samt*), *Demenz*, auch auf Medikamenteneinwirkung (Luminal) zurückzuführen.

Toxische Psychosen

In Form von *Delir*, transitorischer Schizophrenie, Halluzinose.

Medikamente: Amphetamine, Brom, *Barbiturate*, Belladonna, Sulfonamide, Penicillin, Neuroleptika.

Hormone: Cortison, ACTH,

Gase: Kohlenoxyd (Selbstmordversuch), Äther (Sucht),

Chemikalien: Carbondisulfid, Tetrachlorkohlenstoff, Blei und anderen Schwermetallen,

Alkohol, Rauschgifte.

Infektions- und Erschöpfungspsychosen

In Form *amentieller* Bilder:

Meningitis, *Encephalitis*, Hirnabszeß,

Infektionskrankheiten: Grippe, Typhus, Fleckfieber, Malaria, Rheumatismus,

Inanition, Vitaminmangel (Pellagra-Psychose),

Tuberkulose, Eklampsie, Herzfehler, Perniziöse Anämie, Diabetes, Schrumpfniere.

Extreme Ermüdung, Sonnenstich, Tropenkoller, Schock, Isolierung, postoperative Zustände (z. B. Staroperation).

Psychische Störungen bei Hirntumoren und anderen chronischen neurologischen Krankheiten

In Form verschieden gefärbter *organischer Psychosyndrome.*

Stirnhirn- und Balkentumor: Witzelsucht, Moria, Benommenheit, Somnolenz, Coma. Antriebsminderung als Frühsymptom.

Multiple Sklerose: Euphorie, Demenz.

Encephalitis epidemica: Kinder neigen zu *Drangzuständen (Thiele),* Erwachsene zu *Bradyphrenie.*

Paralysis agitans: Bradyphrenie, Depression, Zwangsweinen, -lachen. Dopaminmangel.

Chorea Huntington: Schwere Demenz. Morbus *Wilson,* Morbus *Friedreich,* Myotonische Dystrophie: Leichte Demenz.

Literatur

Lehrbücher

Arielti, S. (Ed.): American Handbook of Psychiatry. 2nd. Ed. New York: Basic Books 1974

Becker, P. E. (Hrgb.): Humangenetik. V/2 – Thieme, Stuttgart 1967.

Bleuler, E.: Lehrbuch der Psychiatrie. 12. Aufl. hrgb. von M. Bleuler. Springer, Berlin – Heidelberg – New York 1972

Fenichel, O.: Psychoanalytische Neurosenlehre Olten u. Freiburg i. B.: Walter Verlag 1974
Gegenstandskatalog für den Zweiten Abschnitt der Ärztlichen Prüfung. Mainz: Institut f. med. u. pharmazeut. Prüfungsfragen 1974

Handbuch der Neurosenlehre, hrgb. von *V. E. Frankl, V. E. v. Gebsattel* und *J. H. Schultz.* Urban & Schwarzenberg, München/Berlin 1959/1961.

Hippius, H. u. H. Selbach (Hrsg.): Das depressive Syndrom. Int. Symposium Berlin 1968. München, Berlin, Wien: Urban & Schwarzenberg 1969

Hoff, H.: Lehrbuch der Psychiatrie. Schwabe, Basel 1956.

Kielholz, P.: Psychiatrische Pharmakotherapie in Klinik u. Praxis. Hans Huber, Bern/Stuttgart 1965

Kuiper, P. C.: Die seelischen Krankheiten des Menschen. Huber / Klett, Bern/Stuttgart 1968

Leonhard, K.: Aufteilung der endogenen Psychosen. Akademie Verlag, Berlin 1957.

Mayer-Gross, W., E. Slater, M. Roth: Clinical Psychiatry. 3. Ed. Cassell & Co., London 1969

Psychiatrie der Gegenwart. Forschung u. Praxis Hrsg. von K. P. Kisker, J.-E. Meyer, M. Müller, E. Strömgren. Band II, Zweite Auflage, Klinische Psychiatrie, Teil 1 u. 2 Berlin, Heidelberg, New York: Springer 1972

Spoerri, Th. Kompendium der Psychiatrie 8. Aufl. Fischer, Stuttgart 1975

Weitbrecht, H. J.: Psychiatrie im Grundriß. 3. Aufl. Springer, Berlin – Heidelber – New York 1973

Wieck, H. H.: Lehrbuch der Psychiatrie. Schattauer, Stuttgart 1967.

Verwendete Literatur:

Abraham, K.: Selected Papers on Psychoanalysis. Hogarth Press, London 1927.

Adler, A.: Praxis u. Theorie der Individualpsychologie. J. F. Bergmann, München/Wiesbaden 1920.

Baeyer, W. v.: Über konformen Wahn. Z. Neurol. 140, 398 (1932).

Benkert, O. / H. Hippius: Psychiatrische Pharmakotherapie Springer, Berlin, Heidelberg, New York 1974

Binet, A.: Études de psychologie expérimentale: Le fétischisme dans l'amour. Doin, Paris 1888.

Birnbaum, K.: Die psychopathischen Verbrecher. 2. Aufl. Langenscheidt, Berlin 1926.

Bleuler, E.: Dementia praecox oder Gruppe der Schizophrenien. In: *G. Aschaffenburg* (Hrgb.): Handbuch der Psychiatrie. B: Spez. Teil, 4. Abtlg., 1. Hälfte. Deuticke, Leipzig/Wien 1911.

Bonhoeffer, K.: Die exogenen Reaktionstypen. Arch. Psychiatr. 58, 58 (1917).

Bräutigam, W.: Formen der Homosexualität. Enke, Stuttgart 1967.

Brown, F. W.: Heredity in Psychoneuroses. Proc. Roy. Soc. Med. 35, 785 (1942).

Capgras, J. P., P. Lucettini, P. Schiff: Du sentiment d'ètrangeté à l'illusion des sosies. Ann. méd. psychol. 83, 93 (1925).

Charcot, J.-M.: Leçon sur les maladies du systѐme nerveux. Delahaye & Cie., Paris 1875/1877.

Cleckley, H. M.: Psychopathic States. In: *S. Arieti* (Ed.): American Handbook of Psychiatry, Vol. I, 567. Basic Books, New York 1959.

Clérambault, G. G.: Oervre psychiatrique, Press Universitaires, Paris 1942.

Dick-Read, G.: Mutterwerden ohne Schmerz, 19. Aufl. Stuttgart: Hoffmann & Campe 1972.

Dietrich, H.: Manie, Monomanie, Soziopathie und Verbrechen. Enke, Stuttgart 1968.

Essen-Möller, E.: Psychiatrische Untersuchungen an einer Serie von Zwillingen. Acta psychiatr. Scand., Suppl. 23/1941.

Eysenck, H. J.: Crime and Personality. Routledge &Kegan, London 1964.

Eysenck, H. J. & D. B. Prell: The inheritance of neuroticism. J. Ment. Sc. *97*,441 (1951)

Freud, S.: Ges. Werke. Imago, London.

Ganser, S. J. M.: Über einen eigenartigen hysterischen Dämmerzustand. Arch. Psychiatr. 30,633 (1898).

Glueck, S. and *E. Glueck:* Unraveling Juvenile Delinquency. Commonwealth Fund and Harvard University Press, Cambridge/Mass. 1950.

Hecker, E.: Die Hebephrenie. Virchows Arch. path. Anat. 52, 394 (1871).

Hippius, H.: Psychische Nebenwirkungen von Arzneimitteln in: Heintz, R. (Hrsg.): Erkrankungen durch Arzneimittel. Thieme, Stuttgart 1966

Hoch, P. and *P. Polatin:* Pseudoneurotic Forms of Schizophrenia. Psychiatr. Quart. 23, 248 (1949).

Hollingshead, A. B. and *F. C. Redlich:* Social Class and Mental Illness. John Wiley & Sons, New York 1958.

Huber, G.: Die coenästhetische Schizophrenie, Fortschr. Neurol. Psychiat. *25*, 491 (1957).

Huber, G.: Die „coenästhetische Schizophrenie" als ein Prägnanztyp schizophrener Erkrankungen. Acta psychiat. Scand.*47*, 349 (1971).

Jacobson, E.: Modern Treatment of Tense Patients. Thomas, Springfield/III. 1970.

Jacobson, E.: Progressive relaxation. 2nd ed. University of Chicago Press, Chicago 1938.

Jaensch, E. R.: Zur Eidetik und Integrationstypologie. J. A. Barth, Leipzig 1941.

Janet, P.: Les obsessions et la psychasthénie. Alcan, Paris 1903.

Jaspers, K.: Allgemeine Psychopathologie. 8. Aufl. Springer, Berlin – Göttingen – Heidelberg 1965.

Jellinek, E. M.: The Disease of Alcoholism. Hillhouse Press, New Haven 1960.

Johnson, A. M.: Juvenile Delinquency. In: *S. Arieti* (Ed.): American Handbook of Psychiatry, Vol. I, 840. Basic Books, New York 1959.

Juda, A.: Neue psychiatrisch-genealogische Untersuchungen an Hilfsschulzwillingen und ihren Familien. Z. Neurol. 166, 365 (1939).

Kahlbaum, K.L.: Die Katatonie oder das Spannungsirresein. Hirschwald, Berlin 1874.

Kaij, L.: Drinking habits in twins. Acta Genet. 7, 437 (1957).

Kallmann, F. J.: Heredity in Health and Mental Disorders. Norton & Co., New York 1953.

Kehrer, F. und *E. Kretschmer:* Die Veranlagung zu seelischen Störungen. Springer, Berlin 1924.

Kleist, K.: Weitere Untersuchungen an Geisteskranken mit psychomotorischen Störungen Brandstetter, Leipzig 1909.

Koch, J. L. A.: Die pschopathischen Minderwertigkeiten. Maier, Ravensburg 1891/1893.

Kolle, K.: Paranoia. Fortschr. Neurol. Psychiatr. 1, 103 (1929).

Kraepelin, E.: Psychiatrie. 8. Aufl. J. A. Barth, Leipzig 1909 – 1915.

Kretschmer, E.: Hysterie, Reflex, Instinkt. Thieme, Leipzig 1944.

Kretschmer, E.: Körperbau und Charakter. 25. Aufl. Springer, Berlin – Heidelberg – New York 1967.

Langelüddeke, A.: Die Entmannung von Sittlichkeitsverbrechern. de Gruyter & Cie., Berlin 1963.

Le Bon, G.: Psychologie der Massen. 6. Aufl. Kröner, Stuttgart 1939 (Taschenausgabe).

Leonhard, K.: Individualtherapie der Neurosen. Gustav Fischer, Jena 1963.

Lidz, R. W. and *T. Lidz:* The family envirement of schizophrenie patients. Am J. Psychiatr. 106, 332 (1949).

Lombroso, C.: Der Verbrecher. Verlangsanstalt u. Druckerei A. G. (vorm. J. F. Richter), Hamburg 1894.

Luxenburger, H.: Zirkuläres Irresein. Erbbiol. Teil. In: Handbuch der Erbkrankheiten. Thieme, Leipzig 1942.

Magnan, V.: Psychiatrische Vorlesungen. Über die Geistesstörungen der Entarteten. Thieme, Leipzig 1892.

Masters, W. H., V. E. Johnson: Impotenz und Anorgasmie. Zur Therapie funktioneller Sexualstörungen Goverts Krüger Stahlberg, Frankfurt/M. 1973.

Möbius, J. P.: Über Entartung. J. F. Bergmann, Wiesbaden 1900.

Morel, B. A.: Traité des dégénérescences physiques, intellectuelles et morales de l'espèce et des causes qui produissent ces variétés maladives. Baillière, Paris 1857.

Oppenheim, H.: Gibt es auch eine psychopathische Höherwertigkeit? Neurol. Cbl. 36, 771 (1917).

Pinel, Ph.: Traité médico-philosophique sur l'alienation mentale. 2. Ed. Brosson, Paris 1809.

Prichard, J. C.: A treatise on insanity and other disorders affecting the mind. Sherwood, London 1835.

Rad, S.: Psychoanalysis of Behavior. Grune & Stratton, New York/London 1956.

Rennie, T. A. C.: Prognosis in manie-depressive psychoses. Am J. Psychiatr. 98, 801 (1942).

Rennie, T. A. C.: Social Psychiatry: A Definition. Int. J. Soc. Psychiatr. 1, 5 (1955).

Rogers, C. R.: Die klient-bezogene Gesprächstherapie Kindler, München 1973.

Rosanoff, A. J. et al.: The Etiology of Mental Deficiency. Psychol. Monogr. 48, 1 (1937).

Samt, P.: Epileptische Irreseinsformen. Arch. Psychiatr. 5, 393 (1875) und 6, 110 (1875).

Schilder, P.: Das Körperschema. Springer, Berlin 1923.

Schmideberg, M.: The analytic Treatment of Major Criminals: Therapeutic Results and Technical Problems. In: *K. R. Eissler* (Ed.): Searchlights on Delinquency, Internat. Univ. Press, New York 1949.

Schneider, K.: Die psychopathischen Persönlichkeiten. 6. Aufl. Deuticke, Leipzig/Wien 1943.

Schneider, K.: Klinische Psychopathologie. 8. Aufl. Thieme, Stuttgart 1967.

Schulte, W., R. Toelle: Psychiatrie. 2. Aufl. Springer, Berlin, Heidelberg, New York 1973

Schultz, J. H.: Grundfragen der Neurosenlehre. Thieme, Stuttgart 1955.

Schultz-Hencke, H.: Der gehemmte Mensch. 2. Aufl. Thieme, Leipzig 1940.

Shields, J. and *E. Slater:* Heredity and psychological Abnormality. In: *H. J. Eysenck* (Ed.): Handbook of abnormal Psychology. Pitnam Medical Publ., London 1960.

Slater, E.: Zur Erbpathologie des manisch depressiven Irreseins. Z. Neurol. 163, 1 (1938).

Sullivan, H. S.: The Interpersonal Theory of Psychiatry. Norton & Co., New York 1953.

Thiele, R.: Zur Kenntnis der psychischen Residualzustände nach Encephalitis epidemica bei Kindern und Jugendlichen, insbesondere der weiteren Entwicklung dieser Fälle. Karger, Berlin 1926.

Wagner- v. Jauregg, J.: Die Einwirkung der Malaria auf die progressiva Paralyse. Psychiatr.-Neurol. Wschr. 20, 132 (1918).

Williams, R. J.: The Etiology of Alcoholism: A working hypothesis involving the interplay of heredity and environmental factors. Quart. J. Stud. Alcohol 7, 567 (1947).

Die künstlich gesteuerte Seele

Brainwashing, Haschisch und LSD – chemische und hypnotische Einflüsse auf Gehirn und Seelenleben

Von KL. THOMAS

1970. XI, 279 Seiten,
Format 16 x 23 cm
Balacron DM 28,–

ISBN 3 432 01617 4

Rausch-, Schlaf- und Genußgifte

Von E. HESSE

4., umgearbeitete und erweiterte Auflage
1971. VII, 180 Seiten, 19 Tabellen,
Format 16 x 24,4 cm
PVC-kart. DM 33,–

ISBN 3 432 01692 1

Drogenscene: Suche nach Gegenwart

Ergebnisse teilnehmender Beobachtung in der jugendlichen Drogensubkultur

Von K. GERDES,
Chr. v. WOLFFERSDORFF-EHLERT

1974. VIII, 376 Seiten,
flexibles Taschenbuch DM 16,80

ISBN 3 432 02204 2

Drogenabhängigkeit bei Kindern und Jugendlichen

unter besonderer Berücksichtigung der Schnüffelsucht

Von R. GÄDEKE, J. GEHRMANN

1973. VI, 115 Seiten, 6 Abbildungen,
8 Tabellen,
Format 17 x 24 cm
kart. DM 28,–
(Vorzugspreis DM 25,20)
Bücherei des Pädiaters, Heft 69

ISBN 3 432 01926 2

Ferdinand Enke Verlag Stuttgart